다락원

일본어 초보 탈출 마법의 600문장

지은이 이와타 다즈루, 김미정
펴낸이 정규도
펴낸곳 (주)다락원

초판 1쇄 인쇄 2020년 7월 3일
초판 1쇄 발행 2020년 7월 17일

책임편집 송화록, 손명숙
디자인 장미연, 이승현

다락원 경기도 파주시 문발로 211
내용문의: (02)736-2031 내선 460~466
구입문의: (02)736-2031 내선 250~252
Fax: (02)732-2037
출판등록 1977년 9월 16일 제 406-2008-000007호

값 13,000원

ISBN 978-89-277-1237-4 13730

http://www.darakwon.co.kr

- 다락원 홈페이지에 접속하면 상세한 출판 정보와 함께 동영상 강좌, MP3 자료 등 다양한 어학 정보를 얻을 수 있습니다.
- 다락원 홈페이지에서 "일본어 초보 탈출 마법의 600문장"을 검색하거나 표지 날개의 QR코드를 찍으면 해설 강의와 MP3 파일을 듣거나 다운로드 할 수 있습니다.

머리말

일본인인 제가 한국어를 공부하기로 한 이유는 한국사람과 자유롭게 대화를 하고 싶어서였습니다. 일본에서 나름대로 혼자 공부를 하고는 있었지만 막상 한국에 와서 한국어로 말하려고 보니 무슨 말을 어떻게 해야 할지 몰라 한동안 소통하는데 두려움과 답답함을 많이 느꼈습니다. 때로는 말하는 것을 피하려고 할 때도 있었습니다. 하지만 두려워하지 말고 자신 있게 대화를 나누어 보자는 마음으로 다시 기초부터 열심히 공부했습니다. 그때 배웠던 것들은 지금까지도 많은 도움이 되고 있습니다.

현재 저는 일본어 강사로 근무하고 있는데 어떤 언어든 기초를 잘 다져 자신의 것으로 만들면 표현력도 풍부해지고 자신감도 늘어난다는 것을 항상 느끼고 있습니다.

한국어를 공부하며 제가 느꼈던 두려움이나 답답함을 일본어를 공부하면서 느끼는 분들도 많이 계시겠죠. 이 책이 그런 분들에게 일본어를 배우는 재미와 일본어로 소통하는 기쁨을 선사하길 바랍니다.

이와타 다즈루

흔히 일본어는 우리말과 비슷해서 한국인이 공부하기 가장 쉬운 언어라고들 하지만 실제로 공부를 시작해보면 여러 난관들을 만나게 됩니다. 여기에는 어떤 조사를 붙여야 할지, 수동 표현을 써야 자연스러운지 아니면 능동 표현을 써야 하는지, 이렇게 말하고 싶을 때 이 동사를 사용해도 괜찮은지 등등 너무나 많은 어려움이 있습니다. 이런 고민들을 해결할 수 있는 가장 좋은 방법은 일본어 문장을 가능한 한 많이 익혀서 이를 활용하는 것이라고 생각합니다.

『일본어 초보 탈출 마법의 600문장』은 크게 기초 표현, 일본어능력시험 N4, 5 수준의 기초 문법, 그리고 상황별·주제별 표현 이렇게 네 부분으로 나누어 총 600문장을 담고 있습니다. 첫걸음 학습을 마치고 기초 회화 실력을 키우고자 하는 여러분에게 마법과 같은 힘을 불어넣어 줄 유용한 표현을 골라 수록하였습니다.

일본어를 공부하는 이유와 목표는 저마다 다르지만 부디 그 목표에 도달하는 데에 이 책이 도움이 되기를 바랍니나.

김미정

이 책의 구성과 특징

본문의 내용을 원어민의 음성으로 들어보세요!
저자 선생님의 해설 강의로도 연결됩니다.

1. 초급 문형을 나타냅니다.
2. 알아두면 좋은 tip을 소개합니다.
3. 한국어 문장을 단어 힌트를 보고 일본어 문장으로 말해 봅시다.

MP3와 해설 강의 듣는 법

- 다락원 홈페이지(www.darakwon.co.kr)에서 **"일본어 초보 탈출 마법의 600문장"**을 검색하세요.
- 각 PART의 시작 페이지에 있는 QR코드를 찍으면 음성 파일을 듣거나 다운로드 할 수 있습니다.

PART 1 기초 표현

01 만남① ····· 12
02 만남② ····· 14
03 헤어짐① ····· 16
04 헤어짐② ····· 18
05 축하와 감사 ····· 20
06 사과와 격려 ····· 22
07 외출과 방문① ····· 24
08 외출과 방문② ····· 26
09 칭찬과 겸손 ····· 28
10 기타 ····· 30

PART 2 기초 문법

01 ～は～です/～は～じゃありません ····· 34
02 ～は～でした/～は～じゃありませんでした ····· 36
03 い형용사① ····· 38
04 い형용사② ····· 40
05 な형용사① ····· 42
06 な형용사② ····· 44
07 いる/いない/ある/ない ····· 46

08 ～ます/～ません 48

09 ～ました/～ませんでした 50

10 ～ほしい/～たい 52

11 ～ましょう/～(よ)う 54

12 ～ませんか/～ましょうか 56

13 의문사 58

14 ～と思う/～つもりだ/～予定だ 60

15 ～て/～た 62

16 ～ている① 64

17 ～ている② 66

18 ～をください/～てください 68

19 ～てみる 70

20 ～てしまう/～ちゃう(じゃう) 72

21 ～てもいい/～てもかまわない 74

22 ～てはいけない/～てはだめだ/～ちゃ(じゃ)だめだ 76

23 ～ておく/～てある 78

24 ～ていく/～てくる 80

25 ～たことがある/～たことがない 82

26 ～たり～たり 84

27 ～ながら 86

28 ～てから/～た後で 88

29 ～たばかりだ 90

30 ～(する)ところだ/～たところだ 92

31 ～ているところだ/～ていたところだ 94

32 ～できる/～ことができる ······ 96
33 ～れる/～られる ······ 98
34 ～ない ······ 100
35 ～ないでください ······ 102
36 ～なくてもいい/～なくてもかまわない ······ 104
37 ～(する)べきだ/～なくてはいけない/～なければならない ······ 106
38 ～方がいい/～ない方がいい ······ 108
39 ～やすい/～にくい ······ 110
40 ～すぎる ······ 112
41 ～はじめる/～だす ······ 114
42 ～つづける ······ 116
43 ～おわる/～きる ······ 118
44 ～にする/～ことにする/～ことになる ······ 120
45 ～ようにする/～ようになる ······ 122
46 ～がる/～がらない ······ 124
47 ～たがる/～たがらない ······ 126
48 ～だろう/～でしょう/～かもしれない ······ 128
49 ～らしい/～ようだ/～みたい ······ 130
50 ～はずだ ······ 132
51 ～そうだ ······ 134
52 ～そうだ/～って ······ 136
53 あげる/くれる/もらう ······ 138
54 ～てあげる/～てくれる/～てもらう ······ 140
55 ～と ······ 142

56 ～ば/～なら/～たら 144
57 ～より/一番～ 146
58 ～ので/～のに 148
59 ～れる/～られる 150
60 ～せる/～させる 152

PART 3 상황별 표현

01 자기 소개 156
02 길 찾기 158
03 길 안내하기 160
04 대중 교통 이용하기① 162
05 대중 교통 이용하기② 164
06 예약하기 166
07 호텔에서① 168
08 호텔에서② 170
09 식당/카페에서 172
10 쇼핑하기 174
11 불만 표시하기 176
12 전화하기 178
13 초대/권유하기 180
14 승낙/거절하기 182
15 병원에서① 184

16 병원에서② 186
17 약국에서 188
18 학교에서 190
19 회사에서 192
20 관공서에서 194

PART 4 주제별 표현

01 하루 일과 198
02 가족 200
03 건강 202
04 취미 204
05 영화 206
06 스포츠/운동 208
07 날씨 210
08 여행 212
09 인터넷/SNS 214
10 연중행사 216

PART 1

기초 표현

해설 강의 &
MP3 듣기

01 만남①

안녕. / 안녕하세요. (아침 인사)

안녕. / 안녕하세요. (낮 인사)

안녕. / 안녕하세요. (저녁 인사)

처음 뵙겠습니다.

잘 부탁 드립니다.

저야말로. (잘 부탁 드립니다.)

+tip 낮 인사 こんにちは와 저녁인사 こんばんは에서 は의 발음은 [ha]가 아닌 [wa]로 해야합니다.

おはよう。/ おはようございます。

こんにちは。

こんばんは。

はじめまして。

よろしくお願(ねが)いします。

こちらこそ。(よろしくお願(ねが)いします。)

02 만남②

오랜만이야. / 오랜만이에요.

久しぶりだ
오래간만이다

잘 지내? / 잘 지내셨어요?

元気だ
건강하다, 잘 지내다

네, 덕분에요.

잘 지내요.

그럭저럭이요.

なんとか 그럭저럭

변함없이 잘 지내요.

相変わらずだ
변함없다

久(ひさ)しぶり。/ お久(ひさ)しぶりですね。

元気(げんき)？/ お元気(げんき)でしたか？

はい、おかげさまで。

元気(げんき)です。

なんとかやっています。

相変(あいか)わらず元気(げんき)です。

03 헤어짐①

안녕. / 잘 가.

또 봐. / 내일 봐.

また 다시, 또

그럼 이만.

먼저 실례하겠습니다.

お先(さき)に 먼저
失礼(しつれい)する 실례하다

수고하셨습니다.

안녕히 주무세요.

+tip お疲れ様です는 흔히 퇴근할 때 동료나 선배에게 하는 인사말입니다. 상사에게는 お先に失礼します라고 하는 것이 무난합니다.

じゃあね。/ バイバイ。

またね。/ また明日(あした)。

それでは、また。

お先(さき)に失礼(しつれい)します。

お疲(つか)れ様(さま)です。

おやすみなさい。

04 헤어짐②

몸 조심하세요.

조심해서 가. / 잘 가.

気をつける
조심하다, 주의하다

잘 지내.

또 와.

또 올게.

안녕. / 잘 가. / 잘 있어.

+tip さようなら는 さよなら라고도 하는데 자주 만나는 친구 사이에서는 잘 쓰이지 않는 표현입니다. 일반적으로는 また明日 또는 またね 등의 표현을 사용하고, さようなら는 오랫동안 만날 일이 없거나 사귀던 연인들이 헤어질 때, 또는 학교에서 선생님과 학생이 헤어질 때 인사말로 사용합니다.

お大事(だいじ)に。

気(き)をつけてね。

元気(げんき)でね。

また来(き)てね。

また来(く)るね。

さようなら。

05 축하와 감사

축하해. / 축하해요.

고마워. / 고마워요.

별말씀을요.

잘됐다. / 잘됐네요.

신세 많이 졌습니다.

世話(せわ) 신세, 보살핌

오늘은 제가 한턱낼게요.

ごちそうする
한턱내다, 대접하다

+tip どうも 자체만으로 고마움을 전하기도 합니다.

おめでとう。/ おめでとうございます。

ありがとう。/ どうもありがとうございます。

どういたしまして。

よかったね。/ よかったですね。

お世話(せわ)になりました。

今日(きょう)は私(わたし)がごちそうします。

06 사과와 격려

죄송합니다.

미안해요. / 잘못했어요.

괜찮아요.

신경 쓰지 마. / 신경 쓰지 마세요. 気(き)にする 신경 쓰다

힘내. / 힘내세요. 頑張(がんば)る 힘내다, 분발하다

기운 내. / 기운 내세요.

+tip すみません은 사과할 때 외에도 사람을 부를 때나 부탁할 때에도 쓰입니다.
ごめんなさい는 주로 아이들이 잘못을 했을 때 쓰는 표현입니다.

すみません。

ごめんなさい。

大丈夫(だいじょうぶ)です。

気(き)にしないで。/ 気(き)にしないでください。

頑張(がんば)って。/ 頑張(がんば)ってください。

元気出(げんきだ)してね。/ 元気出(げんきだ)してください。

07 외출과 방문①

다녀오겠습니다.

잘 다녀와. / 다녀오세요.

다녀왔습니다.

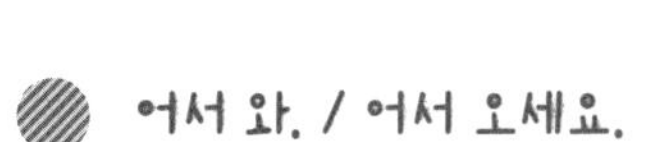

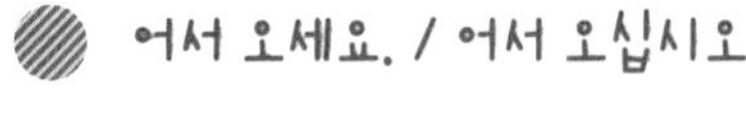

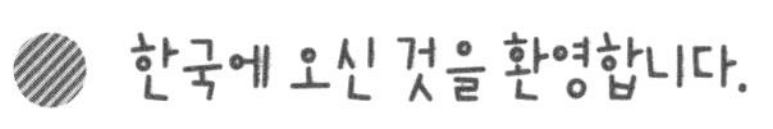

韓国(かんこく) 한국

ようこそ 어서 오세요

+tip 行ってきます에 대한 대답은 行ってらっしゃい라고 하며, ただいま의 대답은 お帰り라고 합니다.

行(い)ってきます。

行(い)ってらっしゃい。

ただいま。

お帰(かえ)り。/ お帰(かえ)りなさい。

いらっしゃい。/ いらっしゃいませ。

韓国(かんこく)へようこそ。

08 외출과 방문②

실례합니다.

계세요?

실례하겠습니다.

じゃまする
방해하다, 실례하다

많이 기다리셨죠.

어서 들어오세요.

편히 계세요.

ゆっくり
마음 편히, 느긋하게

失礼（しつれい）します。

ごめんください。

おじゃまします。

お待（ま）たせしました。

どうぞお上（あ）がりください。

ごゆっくりどうぞ。

09 칭찬과 겸손

잘 하시네요.

上手だ(じょうず) 잘 하다, 뛰어나다

대단하네요.

すごい 대단하다

멋지네요.

素敵だ(すてき) 멋지다

아직 멀었습니다.

まだまだ 아직, 아직도

아니요, 그렇지 않아요.

천만에요. / 과찬이세요.

とんでもない 당치 않다, 뜻밖이다

お上手(じょうず)ですね。

すごいですね。

素敵(すてき)ですね。

まだまだです。

いいえ、そんなことありません。

とんでもないです。

10 기타

이거 받으세요.

잠시만 기다려 주세요.

少々(しょうしょう) 잠시

네, 알겠습니다.

알겠습니다.

分(わ)かる 알다, 이해하다

잘 먹겠습니다. / 감사히 받겠습니다.

잘 먹었습니다.

+tip かしこまりました는 分かりました의 정중한 표현으로 상대방의 말을 충분히 이해했음을 나타내는 표현입니다. 직원이 고객에게 말할 때 자주 쓰입니다.

これどうぞ。

少々(しょうしょう)お待(ま)ちください。

かしこまりました。

分(わ)かりました。

いただきます。

ごちそうさまでした。

PART 2

기초 문법

해설 강의 &
MP3 듣기

01 ～は～です ～은(는) ～입니다
～は～じゃありません ～은(는) ～이(가) 아닙니다

- 오늘은 금요일이에요.

- 회의는 수요일인가요? 会議(かいぎ) 회의

- 회의는 오늘이 아니에요.

- 지금은 오전 9시야. 午前(ごぜん) 오전

- 내일은 목요일이 아니야.

- 오늘은 휴일이 아니에요. 休(やす)み 휴일, 휴식

tip ~じゃ는 ~では의 변형된 발음입니다. ~じゃないです는 ~じゃありません보다 가벼운 표현이고, ~ではありません은 정중하게 말할 때나 문서나 글에 많이 쓰입니다.

今日(きょう)は金曜日(きんようび)です。

会議(かいぎ)は水曜日(すいようび)ですか？

会議(かいぎ)は今日(きょう)じゃありません。

今(いま)は午前(ごぜん)9時(くじ)だよ。

明日(あした)は木曜日(もくようび)じゃない。

今日(きょう)は休(やす)みじゃないです。

02 ～は～でした ～은(는) ～이었습니다

～は～じゃありませんでした

～은(는) ～이(가) 아니었습니다

- 아빠는 선생님이었어요.

- 시험은 지난주였나요?

テスト 테스트, 시험
先週(せんしゅう) 지난주

- 도서관은 휴일이 아니었어요.

- 어제는 내 생일이었어.

誕生日(たんじょうび) 생일

- 그 그림은 진짜가 아니었어.

絵(え) 그림
本物(ほんもの) 진짜, 진품

- 백화점은 세일이 아니었어요.

デパート 백화점
セール 세일, 염가 판매
～の日(ひ) ～하는 날

~だった는 ~でした의 보통형입니다. ~じゃなかったです는 ~じゃありませんでした 보다 가벼운 표현으로 일상대화에서 많이 쓰입니다. ~ではありませんでした는 정중하게 말할 때나 문서나 글에 주로 쓰입니다.

父(ちち)は先生(せんせい)でした。

テストは先週(せんしゅう)でしたか？

図書館(としょかん)は休(やす)みじゃありませんでした。

昨日(きのう)は私(わたし)の誕生日(たんじょうび)だった。

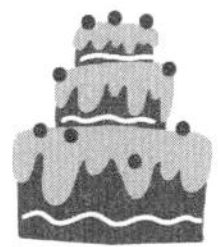

あの絵(え)は本物(ほんもの)じゃなかったよ。

デパートはセールの日(ひ)じゃなかったんです。

03 い형용사①

오늘은 바빠요.

忙(いそが)しい 바쁘다

내일은 바쁘지 않아요.

어제는 바빴어요.

어제는 바쁘지 않았어요.

내일은 안 바빠.

어제는 바쁘지 않았어.

今日は忙しいです。

明日は忙しくありません。

昨日は忙しかったです。

昨日は忙しくありませんでした。

明日は忙しくないよ。

昨日は忙しくなかったよ。

04 い형용사②

오늘은 날씨가 좋네.

天気(てんき) 날씨

여행은 무척 즐거웠어.

旅行(りょこう) 여행

이 케이크는 별로 맛있지 않았어.

ケーキ 케이크

あんまり(=あまり) 그다지, 별로

그 영화는 길어서 지루했어.

映画(えいが) 영화

長(なが)い 길다

つまらない 지루하다

그거 잘됐다. / 그것 참 다행이다.

이 아이스크림 달콤해서 맛있다.

アイス 아이스크림

甘(あま)い 달다, 달콤하다

tip 良いは 회화에서는 いい로, 글이나 문서 등에서는 よい로 읽는 경우가 많습니다. よいは よかった(좋았다) / よくて(좋아서) / よくない(좋지 않다)와 같이 た형, て형, ない형 활용에 쓰입니다.

今日(きょう)はいい天気(てんき)だね。

旅行(りょこう)はとても楽(たの)しかったよ。

このケーキはあんまりおいしくなかった。

あの映画(えいが)は長(なが)くてつまらなかった。

それは良(よ)かったね。

このアイス、甘(あま)くておいしい。

05 な형용사①

오늘은 한가해요.

暇[ひま]だ 한가하다

어제는 한가했어요.

내일은 한가하지 않아요.

어제는 한가하지 않았어요.

내일은 한가하지 않아.

어제는 한가하지 않았어.

tip 일상대화에서는 ～ではありません/～ではないです를 줄인 ～じゃありません 또는 ～じゃないです를 많이 사용합니다. ～じゃないです가 제일 가벼운 표현입니다.

今日(きょう)は暇(ひま)です。

昨日(きのう)は暇(ひま)でした。

明日(あした)は暇(ひま)じゃありません。

昨日(きのう)は暇(ひま)じゃありませんでした。

明日(あした)は暇(ひま)じゃないよ。

昨日(きのう)は暇(ひま)じゃなかった。

06 な형용사②

일본어 잘 하는구나.

日本語(にほんご) 일본어

전에는 운동을 싫어했어.

前(まえ) 이전, 앞
運動(うんどう) 운동

이 방은 조용하고 볕이 잘 들어요.

部屋(へや) 방
静(しず)かだ 조용하다
日当(ひあ)たり 볕이 듦, 채광

그는 옛날에 유명한 가수였어요.

彼(かれ) 그, 그 사람
昔(むかし) 옛날, 예전
有名(ゆうめい)だ 유명하다
歌手(かしゅ) 가수

가장 좋아하는 음식은 뭐예요?

食(た)べ物(もの) 음식, 먹을 것
何(なん) 뭐, 무엇

선물 고마워. 잘 간직할게.

プレゼント 선물
大事(だいじ)にする 소중히 하다

日本語(にほんご)、上手(じょうず)だね。

前(まえ)は運動(うんどう)が嫌(きら)いだった。

この部屋(へや)は静(しず)かで日当(ひあ)たりがいいです。

彼(かれ)は昔(むかし)有名(ゆうめい)な歌手(かしゅ)でした。

一番(いちばん)好(す)きな食(た)べ物(もの)は何(なん)ですか？

プレゼント、ありがとう。大事(だいじ)にするね。

07 いる/いない ある/ない

있다/없다

탁자 밑에 고양이가 있어요.

テーブル 테이블, 탁자
猫(ねこ) 고양이

유카 씨 지금 집에 없어?

저는 여동생이 없습니다.

妹(いもうと) 여동생

안경은 가방 안에 있어요.

めがね 안경

이 근처에 편의점은 없나요?

近(ちか)く 근처, 주변
コンビニ 편의점

냉장고에 아무것도 없어.

冷蔵庫(れいぞうこ) 냉장고
何(なに)も 아무것도

tip 사람과 동물에는 いる/いない를, 이외의 모든 사물에는 ある/ない를 사용합니다.

テーブルの下(した)に猫(ねこ)がいます。

ゆかさん今(いま)家(いえ)にいないの？

私(わたし)は妹(いもうと)がいません。

めがねはかばんの中(なか)にあります。

この近(ちか)くにコンビニはありませんか？

冷蔵庫(れいぞうこ)に何(なに)もない。

08 ～ます ～합니다, ～할 겁니다
～ません ～하지 않습니다, ～하지 않을 겁니다

- 매일 아침 커피를 마셔요.

  毎朝(まいあさ) 매일 아침

- 아침밥은 먹지 않아요.

  朝(あさ)ごはん 아침밥

- 곧 영화가 시작해요.

  もうすぐ 이제 곧
  映画(えいが) 영화
  始(はじ)まる 시작하다, 시작되다

- 담배를 피우시나요?

  タバコを吸(す)う 담배를 피우다

- 내일 다시 올게요.

- 오늘부터 야식은 절대로 먹지 않을 거예요.

  夜食(やしょく) 야식, 밤참
  絶対(ぜったい)に 절대로

tip ～ます/～ません은 현재와 가까운 미래를 말하거나 화자의 의지를 나타낼 때도 쓰입니다.

毎朝(まいあさ)コーヒーを飲(の)みます。

朝(あさ)ごはんは食(た)べません。

もうすぐ映画(えいが)が始(はじ)まりますよ。

タバコを吸(す)いますか？

明日(あした)また来(き)ます。

今日(きょう)から夜食(やしょく)は絶対(ぜったい)に食(た)べません。

09 ～ました ～했습니다
～ませんでした ～하지 않았습니다

그 영화는 이미 봤어요.

もう 이미, 벌써

친구의 컴퓨터를 사용했어요.

パソコン 컴퓨터
使う(つか) 사용하다, 쓰다

술을 마셨나요?

お酒(さけ) 술

케이크는 사지 않았어요.

買う(か) 사다, 구입하다

방 청소를 하지 않았어요.

掃除(そうじ) 청소

그는 전화를 받지 않았어요.

電話(でんわ)に出(で)る
전화를 받다

あの映画(えいが)はもう見(み)ました。

友達(ともだち)のパソコンを使(つか)いました。

お酒(さけ)を飲(の)みましたか？

ケーキは買(か)いませんでした。

部屋(へや)の掃除(そうじ)をしませんでした。

彼(かれ)は電話(でんわ)に出(で)ませんでした。

10 ～ほしい ～원하다
～たい ～하고 싶다

새로운 스마트폰을 갖고 싶어요.

スマホ 스마트폰

자동차는 갖고 싶지 않아요.

車(くるま) 차, 자동차

저녁은 초밥을 먹고 싶어요.

夕飯(ゆうはん) 저녁밥
お寿司(すし) 초밥

주말에는 별로 밖에 나가고 싶지 않아요.

週末(しゅうまつ) 주말
出(で)かける
나가다, 외출하다

여행 가고 싶지 않아?

旅行(りょこう) 여행

가끔은 집에서 느긋하게 쉬고 싶어져.

たまに 가끔
休(やす)む 쉬다

tip '~을/를'에 해당하는 조사는 を이지만 ~ほしい와 ~たい의 경우에는 を보다 が를 더 많이 사용합니다

新(あたら)しいスマホがほしいです。

車(くるま)はほしくないです。

夕飯(ゆうはん)はお寿司(すし)が食(た)べたいです。

週末(しゅうまつ)はあまり出(で)かけたくないです。

旅行(りょこう)行(い)きたくない?

たまには家(いえ)でゆっくり休(やす)みたくなる。

11 ~ましょう ~합시다, ~해요
~(よ)う ~하자, ~해야지

같이 가요.

같이 가자.

맛있는 거 먹자.

이제 그만 집에 가요.

そろそろ 이제 그만, 슬슬
帰る(かえ) 돌아가다, 돌아오다

조금만 더 힘내자.

もう (조금) 더
頑張る(がんば) 힘내다, 분발하다

내년에 또 와야지.

来年(らいねん) 내년

tip ~(よ)う는 자신의 의지를 나타내는 표현으로 혼잣말을 할 때도 많이 쓰입니다. 상대방에게 자신의 의지를 전달할 때는 ~(よ)うと思う(하려고 하다)라고 합니다.

一緒(いっしょ)に行(い)きましょう。

一緒(いっしょ)に行(い)こう。

おいしいもの食(た)べよう。

そろそろ帰(かえ)りましょう。

もうちょっと頑張(がんば)ろう。

来年(らいねん)また来(こ)よう。

12 ～ませんか ～하지 않을래요?
～ましょうか ～할까요?

차라도 마시지 않을래요?

お茶(ちゃ) 차
～でも ～라도

잠깐 쉬지 않을래요?

산책하지 않을래요?

散歩(さんぽ)する 산책하다

도와줄까요?

手伝(てつだ)う 돕다, 거들다

내일 만날까요?

会(あ)う 만나다

같이 갈까요?

tip 무언가를 권유하거나 제안할 때 사용하는 표현입니다. ～ませんか는 말하는 사람의 적극적인 태도를, ～ましょうか는 본인의 의사보다 상대방의 생각을 더 중요시하는 뉘앙스를 나타냅니다.

お茶(ちゃ)でも飲(の)みませんか？

ちょっと休(やす)みませんか？

散歩(さんぽ)しませんか？

手伝(てつだ)いましょうか？

明日(あした)会(あ)いましょうか？

一緒(いっしょ)に行(い)きましょうか？

13 의문사

저 사람은 누구예요? 誰(だれ) 누구

언제 오나요? いつ 언제

어디 가? どこ 어디

뭐가 먹고 싶어? 何(なに) 뭐, 무엇

그건 어째서죠? どうして 왜, 어째서

바나나는 몇 개 있나요? いくつ 몇 개

+tip いくつは '몇 개' 외에 '몇 살'이라는 뜻도 있습니다.

あの人(ひと)は誰(だれ)ですか？

いつ来(き)ますか？

どこ行(い)くの？

何(なに)が食(た)べたい？

それはどうしてですか？

バナナはいくつありますか？

14 ～と思う(おも) ～할 생각이다

～つもりだ ～할 생각이다, ～하려고 하다

～予定だ(よてい) ～할 예정이다

이제부터 외출하려고 해요.

今から(いま) 지금부터, 이제부터
出かける(で) 외출하다

매일 아침마다 운동하려고 해요.

다음 달에 귀국할 생각이에요.

来月(らいげつ) 다음 달
帰国する(きこく) 귀국하다

졸업하고 바로 취직할 생각이에요.

卒業する(そつぎょう) 졸업하다
就職する(しゅうしょく) 취직하다, 취업하다

비행기는 몇 시에 도착할 예정인가요?

飛行機(ひこうき) 비행기
着く(つ) 닿다, 도착하다
予定(よてい) 예정

내년에는 미국에 유학갈 예정이에요.

アメリカ 미국
留学する(りゅうがく) 유학가다

tip つもり는 전부터 생각해 왔던 것을 말할 때 사용하는 표현으로 지금 막 결정한 것을 말할 때는 쓰지 않습니다.

今から出かけようと思います。

毎朝運動しようと思います。

来月に帰国するつもりです。

卒業してすぐ就職するつもりです。

飛行機は何時に着く予定ですか？

来年はアメリカに留学する予定です。

15 ～て ～하고, ～해서
～た ～했다

슈퍼에서 저녁거리를 사서 집에 가요.

スーパー 슈퍼마켓
夕飯(ゆうはん) 저녁밥, 저녁거리

여러 번 써서 단어를 외웠어요.

何度(なんど)も 여러 번
単語(たんご) 단어
覚(おぼ)える 외우다, 기억하다

어제는 약을 먹고 일찍 잤어.

早(はや)く 일찍
薬(くすり)を飲(の)む 약을 먹다
寝(ね)る 자다

비가 와서 추워졌네.

雨(あめ)が降(ふ)る 비가 내리다
寒(さむ)い 춥다

요즘 인기인 빵가게에서 케이크를 사 왔어.

最近(さいきん) 최근, 요즘
人気(にんき) 인기
パン屋(や) 빵가게

지갑 두고 왔어?

財布(さいふ) 지갑
忘(わす)れる 잊다, 두고 오다

+tip 동사의 て형은 동작의 순서 외에도 원인이나 이유, 방법이나 수단을 나타내기도 합니다.

スーパーで夕飯(ゆうはん)を買(か)って帰(かえ)ります。

何度(なんど)も書(か)いて単語(たんご)を覚(おぼ)えました。

昨日(きのう)は薬(くすり)を飲(の)んで早(はや)く寝(ね)たよ。

雨(あめ)が降(ふ)って寒(さむ)くなったね。

最近(さいきん)人気(にんき)のパン屋(や)でケーキを買(か)って来(き)たよ。

財布(さいふ)、忘(わす)れたの？

16 ～ている ① ～하고 있다

지금 뭐 하고 있어요?

책을 읽고 있어요.

영화를 보고 있어요.

친구와 차를 마시고 있어요.

피아노를 연주하고 있어요.

ピアノを弾(ひ)く 피아노를 치다

열심히 공부하고 있어요.

一生懸命(いっしょうけんめい) 열심히
勉強(べんきょう)する 공부하다

tip 〜ている는 타동사에 접속하면 현재 어떤 동작이 진행 중임을 나타냅니다.
이때 〜ている의 앞에는 조사 を가 옵니다.

今何(いまなに)をしていますか？

本(ほん)を読(よ)んでいます。

映画(えいが)を見(み)ています。

友達(ともだち)とお茶(ちゃ)を飲(の)んでいます。

ピアノを弾(ひ)いています。

一生懸命勉強(いっしょうけんめいべんきょう)しています。

17 ~ている ② ~해져 있다

냉장고에 주스가 들어 있어요.

冷蔵庫(れいぞうこ) 냉장고
ジュース 주스
入(はい)る 들어가다, 들어오다

컴퓨터 전원이 켜져 있어요.

電源(でんげん)がつく
전원이 켜지다

방 창문이 열려 있어요.

窓(まど) 창, 창문
開(あ)く 열리다

휴대폰 전원이 꺼져 있어요.

携帯(けいたい) 휴대폰
切(き)れる 꺼지다, 끊기다

나는 서울에 살고 있어요.

ソウル 서울
住(す)む 살다

형은/오빠는 결혼했어요.

結婚(けっこん)する 결혼하다

tip ～ている는 자동사에 접속하면 현재 어떤 상태가 지속되고 있음을 나타냅니다.
이때 ～ている의 앞에는 주로 조사 が가 옵니다.

冷蔵庫(れいぞうこ)にジュースが入(はい)っています。

パソコンの電源(でんげん)がついています。

部屋(へや)の窓(まど)が開(あ)いています。

携帯(けいたい)の電源(でんげん)が切(き)れています。

私(わたし)はソウルに住(す)んでいます。

兄(あに)は結婚(けっこん)しています。

18 ~をください ~을/를 주세요
~てください ~해주세요

쓰레기 봉투 2개 주세요. ゴミ袋(ぶくろ) 쓰레기봉투

이거 주세요.

조금만 더 천천히 말해주세요. ゆっくり 천천히

새 걸로 바꿔주세요. 替(か)える 바꾸다, 교환하다

여권을 보여주세요. パスポート 여권
見(み)せる 보여주다

여기에 이름을 써 주세요.

+tip 상대방에게 더욱 정중하게 부탁하고 싶다면 ～てくださいませんか라고 하면 됩니다. 앞에 すみませんが 또는 失礼(しつれい)ですが를 붙이는 것도 좋습니다.

ゴミ袋(ふくろ)を二(ふた)つください。

これください。

もう少(すこ)しゆっくり話(はな)してください。

新(あたら)しいものに替(か)えてください。

パスポートを見(み)せてください。

ここにお名前(なまえ)を書(か)いてください。

19 ～てみる ~(시도)해보다

처음 만들어 봤어요.

初めて(はじ) 처음으로, 처음
作る(つく) 만들다

이 신발 신어봐도 되나요?

靴(くつ) 신발, 구두
はく
(바지) 입다, (신발) 신다

조금 더 기다려 보자.

もう少し(すこ) 조금 더
待つ(ま) 기다리다

이것도 한번 드셔 보세요.

제가 전화해볼게요.

電話する(でんわ) 전화하다

담당자에게 물어봐요.

担当者(たんとうしゃ) 담당자
聞く(き) 묻다, 질문하다

+tip ～てみるは ～て見る와 같이 한자를 쓰지 않고 히라가나로 표기합니다.

初めて作ってみました。

この靴、はいてみてもいいですか？

もう少し待ってみよう。

これも食べてみてください。

私が電話してみます。

担当者に聞いてみましょう。

20 ～てしまう/～ちゃう(じゃう)

～해 버리다, ～하고 말다

전부 먹어버렸어요.

全部(ぜんぶ) 전부

그만 실수하고 말았어요.

うっかり 무심코, 그만
ミスする 실수하다

버스를 놓쳐서 지각하고 말았어요.

乗(の)り遅(おく)れる 놓치다
遅刻(ちこく)する 지각하다

중요한 서류를 잃어버리고 말았어요.

書類(しょるい) 서류
なくす 잃어버리다

너무 재밌어서 하루 만에 전부 다 읽었어요.

一日(いちにち)で 하루 만에

그 영화는 이미 봤어.

tip ~てしまう는 어떤 것이 완전히 끝났거나 자신이 한 것에 대한 후회나 유감스런 감정을 나타내는 표현입니다. ~ちゃう/じゃう는 ~てしまう의 축약형으로 주로 친한 사람과의 대화에서 사용합니다.

全部(ぜんぶ)食(た)べてしまいました。

うっかりミスしてしまいました。

バスに乗(の)り遅(おく)れて遅刻(ちこく)してしまいました。

大事(だいじ)な書類(しょるい)をなくしてしまいました。

とてもおもしろくて一日(いちにち)で全部(ぜんぶ)読(よ)んじゃいました。

あの映画(えいが)はもう見(み)ちゃったよ。

21 ~てもいい ~해도 된다
~てもかまわない
~해도 상관없다, ~해도 괜찮다

여기 앉아도 될까요?

座る(すわる) 앉다

사진을 찍어도 되나요?

写真(しゃしん)を撮る(とる) 사진을 찍다

먼저 가도 돼. / 먼저 가.

先(さき)に 먼저

이 약은 언제 먹어도 상관없습니다.

보고서는 내일 드려도 괜찮나요?

報告書(ほうこくしょ) 보고서
出す(だす) 내다, 제출하다

늦어져도 괜찮아요.

遅れる(おくれる) 늦다, 늦어지다

tip ～てもかまいません은 주로 윗사람 또는 고객에게 사용하는 정중한 말투입니다.

ここに座(すわ)ってもいいですか？

写真(しゃしん)を撮(と)ってもいいですか？

先(さき)に行(い)ってもいいよ。

この薬(くすり)はいつ飲(の)んでもかまいません。

報告書(ほうこくしょ)は明日(あした)出(だ)してもかまいませんか？

遅(おく)れてもかまいませんよ。

22 ～てはいけない ～てはだめだ/～ちゃ(じゃ)だめだ

～하면 안 된다, ～해서는 안 된다

도서관에서 큰 소리로 이야기하면 안 돼요.

声(こえ) 목소리, 소리

복도에서 뛰면 안 돼요.

廊下(ろうか) 복도
走(はし)る 뛰다, 달리다

이 보고서는 늦으면 안 되거든요.

レポート 리포트, 보고서

수업 중에 만화를 보면 안 돼.

授業(じゅぎょう) 수업
～中(ちゅう) ～중, ～하는 동안
漫画(まんが) 만화

과자만 먹으면 안 돼.

お菓子(かし) 과자
～ばかり ～만, ～뿐

같이 가면 안 돼?

tip 강한 금지를 나타내는 표현으로 ~てはいけない는 이론적으로 금지되어 있는 것에 대해 말할 때, ~てはだめだ는 나의 판단으로 상대방의 행위를 금지할 때 씁니다. ~ちゃ(じゃ)だめだ는 친한 사이이거나 어른이 아이들에게 말할 때 많이 사용하는 표현입니다.

図書館(としょかん)で大(おお)きな声(こえ)で話(はな)してはいけませんよ。

廊下(ろうか)を走(はし)ってはいけません。

このレポートは遅(おく)れてはいけないんです。

授業中(じゅぎょうちゅう)に漫画(まんが)を読(よ)んじゃだめだよ。

お菓子(かし)ばかり食(た)べちゃだめよ。

一緒(いっしょ)に行(い)っちゃだめ？

23 ～ておく ～해 놓다, ～해 두다
～てある ～해져 있다

호텔을 예약해 둘게요.

ホテル 호텔
予約(よやく)する 예약하다

컴퓨터는 전원을 켜 두세요.

電源(でんげん)をつける 전원을 켜다

티켓 사 둘게.

チケット 티켓, 표

벽에 포스터가 붙어 있어요.

壁(かべ) 벽
ポスター 포스터, 벽보
貼(は)る 바르다, 붙이다

식탁 위에 꽃이 장식되어 있어요.

食卓(しょくたく) 식탁
飾(かざ)る 장식하다

자동차가 세워져 있어.

止(と)める 멈추다, 세우다

tip ～ておく의 앞에는 주로 조사 を를 쓰고, ～てある는 조사 が 또는 は를 사용합니다.

ホテルを予約(よやく)しておきます。

パソコンは電源(でんげん)をつけておいてください。

チケット買(か)っておくね。

壁(かべ)にポスターが貼(は)ってあります。

食卓(しょくたく)の上(うえ)に花(はな)が飾(かざ)ってあります。

車(くるま)が止(と)めてあるね。

24 ~ていく ~해 가다, ~해 나가다
~てくる ~해 오다, ~해지다

- 앞으로 블로그로 관광지 정보를 전하려고 해요.

  ブログ 블로그
  観光地(かんこうち) 관광지
  情報(じょうほう) 정보
  伝(つた)える 전하다, 전달하다

- 앞으로 부쩍 따뜻해지겠죠.

  どんどん 부쩍
  暖(あたた)かい 따뜻하다

- 앞으로도 공부를 계속해 나갈 거예요.

  続(つづ)ける 계속하다

- 나는 이 회사에서 20년간 일해 왔습니다.

  会社(かいしゃ) 회사
  ~間(かん) ~동안, ~간
  働(はたら)く 일하다, 근무하다

- 유학생활도 꽤 익숙해졌어요.

  生活(せいかつ) 생활
  だいぶ 꽤, 상당히
  慣(な)れる
  익숙해지다, 적응하다

- 요즘 관광객이 많아졌네요.

  観光客(かんこうきゃく) 관광객
  増(ふ)える 늘다, 많아지다

+tip ~ていく는 앞에 これから(앞으로)나 ますます/もっと(더욱 더)와 같은 부사와 함께 쓰이는 경우가 많습니다.

これからブログで観光地(かんこうち)の情報(じょうほう)を伝(つた)えていこうと思(おも)います。

これからどんどん暖(あたた)かくなっていくでしょう。

これからも勉強(べんきょう)を続(つづ)けていきます。

私(わたし)はこの会社(かいしゃ)で20年間(にじゅうねんかん)働(はたら)いてきました。

留学生活(りゅうがくせいかつ)もだいぶ慣(な)れてきました。

最近観光客(さいきんかんこうきゃく)が増(ふ)えてきましたね。

25 ～たことがある ～한 적이 있다 ～たことがない ～한 적이 없다

어렸을 때 수술을 받은 적이 있어요.

子(こ)ども 어린이, 아이
～の頃(ころ) ～무렵, ～쯤
手術(しゅじゅつ)を受(う)ける 수술을 받다

외국어를 배운 적이 있나요?

外国語(がいこくご) 외국어
習(なら)う 배우다

가끔 드라이브를 할 때가 있어요.

ドライブ 드라이브

그건 한 번도 먹어본 적이 없어요.

一度(いちど)も 한 번도

나는 아직 외국에 간 적이 없어요.

外国(がいこく) 외국

지금까지 들어본 적이 없는 얘기예요.

今(いま)まで 지금까지

tip 동사의 기본형에 ことがある를 붙이면 어떤 경우나 경향이 있다는 뜻이 됩니다.

子どもの頃手術を受けたことがあります。

外国語を習ったことがありますか？

たまにドライブすることがあります。

それは一度も食べたことがないです。

私はまだ外国に行ったことがありません。

今まで聞いたことのないお話です。

26 ～たり ～たり

～했다가 ～했다가, ～하거나 ～하거나

- 아침부터 비가 오락가락해요.

  朝(あさ) 아침
  止(や)む 그치다, 멎다

- 고양이가 길을 왔다 갔다 해요.

  道(みち) 길, 도로

- 정답을 썼다 지웠다 했어요.

  答(こた)え 대답, 정답
  消(け)す 지우다

- 주말에는 책을 읽거나 음악을 듣거나 하면서 지내요.

  音楽(おんがく) 음악
  聞(き)く 듣다
  過(す)ごす 지내다, 보내다

- 오늘은 회사에서 회의를 하기도 하고 자료를 만들기도 했어요.

  資料(しりょう) 자료

- 친구와 노래방에 가거나 했어요.

  カラオケ 노래방

tip ~たり는 동사의 과거형에 접속하여 두 가지 이상의 동작을 연결하거나 나열할 때 사용하는 표현인데, 꼭 두 번이 아니라 한 번만 사용해도 괜찮습니다.

朝から雨が降ったり止んだりしています。

猫が道を行ったり来たりしています。

答えを書いたり消したりしました。

週末は本を読んだり音楽を聞いたりして過ごします。

今日は会社で会議をしたり資料を作ったりしました。

友達とカラオケに行ったりしました。

27 ～ながら ～(하)면서

음악을 들으면서 운동해요.

춤추면서 노래를 불러요.

踊(おど)る 춤추다
歌(うた) 노래
歌(うた)う 노래하다, 부르다

차라도 마시면서 얘기할까요?

팝콘을 먹으면서 영화를 봐요.

ポップコーン 팝콘

발음에 주의하면서 말해봅시다.

発音(はつおん) 발음
気(き)をつける 주의하다

스마트폰을 보면서 운전하면 안 돼요.

運転(うんてん)する 운전하다

+tip A ながらB라는 표현에서 주가 되는 동작은 B입니다. 또 ながら 앞에는 座(すわ)る, 立(た)つ, つける, けす와 같이 동작이 짧은 시간에 끝나거나 순간적으로 이루어짐을 나타내는 순간동사는 잘 사용하지 않습니다.

音楽(おんがく)を聞(き)きながら運動(うんどう)します。

踊(おど)りながら歌(うた)を歌(うた)います。

お茶(ちゃ)でも飲(の)みながら話(はな)しましょうか？

ポップコーンを食(た)べながら映画(えいが)を見(み)ます。

発音(はつおん)に気(き)をつけながら言(い)ってみましょう。

スマホを見(み)ながら運転(うんてん)してはいけません。

28 ～てから ～하고 나서, ～한 지
～た後(あと)で ～한 후에

채소는 씻고 나서 썰어요.

野菜(やさい) 채소, 야채
洗(あら)う 씻다
切(き)る 자르다

신발을 벗고 나서 안으로 들어오세요.

脱(ぬ)ぐ 벗다

일본에 온 지 3년이 지났어요.

経(た)つ (시간이) 흐르다, 지나다

숙제를 하고 나서 잤어요.

宿題(しゅくだい) 숙제, 과제

이메일을 확인한 후에 전화할게요.

メール 이메일
確認(かくにん)する 확인하다

운동을 한 후에 목욕을 해요.

お風呂(ふろ)に入(はい)る 목욕을 하다

tip 단순히 시간의 전후관계를 나타낼 때는 ～てから와 ～た後で 둘 다 쓸 수 있지만, 후자의 행동을 하는데 전자의 행동이 필요한 경우를 말할 때는 ～てから를 사용합니다.

野菜は洗ってから切ります。

靴を脱いでから中に入ってください。

日本に来てから３年が経ちました。

宿題をした後で寝ました。

メールを確認した後で電話します。

運動した後でお風呂に入ります。

29 ~たばかりだ

~한 지 얼마 안 됐다, 막 ~했다

집에 막 들어왔어요.

지난달에 막 일본에 온 참이에요.

先月(せんげつ) 지난달

어제 막 이사해서 아직 어질러져 있어요.

引(ひ)っ越(こ)す 이사하다
散(ち)らかる 어지르다

이 가방은 산 지 얼마 안 된 새 것입니다.

新品(しんぴん) 새 것

우리 집에는 갓 태어난 아기가 있어요.

うち 우리 집, 우리
生(う)まれる 태어나다
赤(あか)ちゃん 아기, 아가

지난주에 산 휴대폰을 벌써 잃어버리고 말았어요.

携帯(けいたい) 휴대폰
なくす 잃어버리다

tip 비슷한 표현으로 ～たところだ가 있습니다. ～たところだ는 어떤 동작을 한 직후에만 쓸 수 있는 반면, ～たばかりだ는 그 동작을 하고 시간이 조금 지난 후에도 사용할 수 있습니다.

家(いえ)に帰(かえ)ってきたばかりです。

先月(せんげつ)日本(にほん)に来(き)たばかりです。

昨日(きのう)引(ひ)っ越(こ)したばかりでまだ散(ち)らかっています。

このかばんは買(か)ったばかりの新品(しんぴん)です。

うちには生(う)まれたばかりの赤(あか)ちゃんがいます。

先週(せんしゅう)買(か)ったばかりの携帯(けいたい)をもうなくしてしまいました。

30 ~(する)ところだ ~하려는 참이다
~たところだ ~한 참이다, 막 ~했다

이제 곧 영화가 시작되려는 참이에요.

이제 회의를 시작하려는 참이에요.

始(はじ)める 시작하다

깜박하고 지갑을 놔두고 갈 뻔했어요.

うっかり 깜박하고
財布(さいふ) 지갑
置(お)く 놓다, 두다

이제 막 집에 들어왔어요.

たったいま 이제 막, 방금

조금 전에 도착한 참이에요.

到着(とうちゃく)する 도착하다

지금 막 서류를 제출한 참이에요.

書類(しょるい) 서류
提出(ていしゅつ)する 제출하다

tip ~(する)ところだ는 '~할 뻔하다'라는 뜻도 있는데, 주로 부정적인 일이 일어나기 직전이었음을 나타냅니다.

これから映画(えいが)が始(はじ)まるところです。

今(いま)から会議(かいぎ)を始(はじ)めるところです。

うっかり財布(さいふ)を置(お)いて行(い)くところでした。

たったいま家(いえ)に帰(かえ)ってきたところです。

少(すこ)し前(まえ)に到着(とうちゃく)したところです。

今(いま)書類(しょるい)を提出(ていしゅつ)したところです。

31 ～ているところだ 한창 ～하는 중이다
～ていたところだ 한창 ～하고 있던 참이다

- 지금 밥을 먹고 있는 중이에요.

  ご飯(はん) 밥

- 여행 계획을 세우고 있는 중이에요.

  計画(けいかく)を立(た)てる 계획을 세우다

- 도서관에서 책을 읽는 중이야.

- 초밥을 먹고 싶다고 생각하고 있던 참이었어요.

- 전화하려던 참이었어.

- 마침 마중 나가려던 참이었어요.

  ちょうど 마침, 딱
  迎(むか)えに行(い)く 마중을 나가다

今ご飯を食べているところです。

旅行の計画を立てているところです。

図書館で本を読んでいるところだよ。

寿司が食べたいと思っていたところでした。

電話しようとしていたところだったよ。

ちょうど迎えに行こうとしていたところでした。

32 ~できる ~ことができる

~ 가능하다, ~할 수 있다

여기는 누구든지 출입 가능해요.

誰(だれ)でも 누구나, 누구든지
出入(でい)り 출입

내일까지 준비할 수 있어요?

準備(じゅんび) 준비

저는 자동차 운전은 못해요.

자유롭게 사진을 찍을 수 있어요.

自由(じゆう)に 자유롭게
写真(しゃしん)を撮(と)る 사진을 찍다

프랑스어도 할 수 있어요.

フランス語(ご) 프랑스어

도서관은 밤 9시까지 이용할 수 있어요.

利用(りよう)する 이용하다

+tip ～できる는 명사에, ～ことができる는 동사의 기본형에 접속하여 가능의 의미를 나타냅니다.

ここは誰(だれ)でも出入(でい)りできます。

明日(あした)までに準備(じゅんび)できますか？

私(わたし)は車(くるま)の運転(うんてん)はできません。

自由(じゆう)に写真(しゃしん)を撮(と)ることができます。

フランス語(ご)も話(はな)すことができます。

図書館(としょかん)は夜(よる)９時(くじ)まで利用(りよう)することができます。

33 ～れる/～られる

～ 가능하다, ～할 수 있다

내일 몇 시까지 올 수 있어?

何時(なんじ) 몇 시

조금 매워도 먹을 수 있어요.

辛(から)い 맵다

아이도 만들 수 있을 만큼 간단한 요리입니다.

簡単(かんたん)だ 간단하다
料理(りょうり) 요리

이 옷은 계절에 관계없이 입을 수 있어요.

服(ふく) 옷
季節(きせつ) 계절
関係(かんけい)なく 관계없이
着(き)る 입다

아이와 함께 잘 수 있는 큰 침대가 필요해요.

ベッド 침대
広(ひろ)い 넓다
必要(ひつよう)だ 필요하다

연금은 언제부터 받을 수 있나요?

年金(ねんきん) 연금
受(う)け取(と)る 받다

tip ～れる/～られる는 ～ことができる보다 가벼운 일상대화에서 많이 쓰입니다.

明日、何時までに来られる？

少し辛くても食べられます。

子どもも作れるくらい簡単な料理です。

この服は季節に関係なく着られますよ。

子どもと一緒に寝られる広いベッドが必要です。

年金はいつから受け取れますか？

34 ～ない ～하지 않는다

술은 마시지 않아요.

야마다 씨는 오늘 안 와요.

포기하지 않고 열심히 할게요.

あきらめる 포기하다

말이 안 통해서 정말 곤란했어요.

言葉(ことば)が通(つう)じる 말이 통하다
困(こま)る 곤란하다

이 믹서기는 사서 한 번도 사용하지 않았어요.

ミキサー 믹서기
使(つか)う 쓰다, 사용하다

망가져서 쓰지 않았던 카메라를 수리했어요.

壊(こわ)れる 망가지다, 고장나다
修理(しゅうり)する 수리하다

お酒は飲まないです。

山田さんは今日は来ないです。

あきらめないで頑張ります。

言葉が通じなくて本当に困りました。

このミキサーは買ってから一度も使わなかったです。

壊れて使わなかったカメラを修理しました。

35 ~ないでください

~하지 마세요, ~하지 말아주세요

여기에 쓰레기를 버리지 마세요.

ゴミ 쓰레기
捨(す)てる 버리다

비둘기에게 먹이를 주지 마세요.

ハト 비둘기
餌(えさ) 먹이
あげる 주다

내일은 지각하지 마세요.

遅刻(ちこく)する 지각하다

그렇게 너무 걱정하지 마.

心配(しんぱい)する 걱정하다

신발을 신은 채로 들어가지 마세요.

~たまま ~한 채

전철 안에서는 큰 소리로 전화하지 말아주세요.

tip ~ないでください는 어떤 행동을 하지 말아줄 것을 요구하는 표현입니다. 직접적인 표현을 피하려는 일본어의 특성상 부탁 보다는 부드러운 금지 명령에 가깝습니다. 친한 사이에서는 ください를 생략하고 말하기도 합니다.

ここにゴミを捨(す)てないでください。

ハトに餌(えさ)をあげないでください。

明日(あした)は遅刻(ちこく)しないでください。

そんなに心配(しんぱい)しないでね。

靴(くつ)をはいたまま入(はい)らないでください。

電車(でんしゃ)の中(なか)では大(おお)きな声(こえ)で電話(でんわ)しないでください。

36 ～なくてもいい ～하지 않아도 된다

～なくてもかまわない

～하지 않아도 상관없다, ～하지 않아도 괜찮다

- 오늘은 회사에 가지 않아도 돼요.

- 서두르지 않아도 돼요. 急ぐ(いそぐ) 서두르다

- 야근하지 않아도 돼요. 残業(ざんぎょう)する 야근하다

- 전부 드시지 않아도 괜찮습니다. 召し上(めしあ)がる 드시다

- 서명을 하지 않아도 괜찮습니다. サイン 사인, 서명

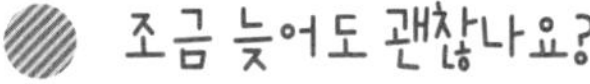

- 조금 늦어도 괜찮나요?

+tip ~なくてもかまいません은 정중한 말투로 주로 윗사람이나 고객에게 사용합니다.

今日は会社に行かなくてもいいです。

急がなくてもいいですよ。

残業しなくてもいいです。

全部召し上がらなくてもかまいません。

サインをしなくてもかまいません。

少し遅れてもかまいませんか？

37 ~(する)べきだ ~해야 한다, 꼭 ~해야 한다
~なくてはいけない
~なければならない

어르신들에게 자리를 양보해야 합니다.

お年寄(としよ)り 어르신, 노인
席(せき) 자리, 좌석
ゆずる 양보하다

이 영화는 꼭 봐야 해요.

비행기 예약을 해두어야 한다.

予約(よやく)を取(と)る 예약하다

빨리 가야지!

早(はや)く 빨리

반드시 안전벨트를 매야 해요.

必(かなら)ず 반드시, 꼭
シートベルト 안전벨트

공항에서는 여권을 꼭 보여줘야 합니다.

空港(くうこう) 공항
パスポート 여권
見(み)せる 보이다

tip ~(する)べきだ는 상식적으로 그 동작을 하는 것이 당연할 때, 또는 그렇게 하는 것이 가치가 있다고 강조할 때 사용하는 표현입니다. ~なくてはいけない는 어떤 동작을 할 필요나 의무가 있음을 나타내는 주관적인 표현으로 간략하게 ~なくちゃ라고 말하는 경우도 많습니다. ~なければならない는 주로 법이나 규칙으로 정해져 있는 것에 대해 말할 때 쓰이며 객관적인 표현입니다.

お年寄(としよ)りに席(せき)をゆずるべきです。

この映画(えいが)はぜひ見(み)るべきですよ。

飛行機(ひこうき)の予約(よやく)を取(と)っておかなくてはいけない。

早(はや)く行(い)かなくちゃ。

必(かなら)ずシートベルトをしなければなりません。

空港(くうこう)ではパスポートを見(み)せなければなりません。

38 ～方(ほう)がいい ～하는 것이 좋다
～ない方(ほう)がいい ～하지 않는 것이 좋다

택시보다 버스를 타는 게 좋아요.

タクシー 택시
～より ～보다

그 레스토랑은 아주 인기라서 빨리 예약하는 게 좋을 거야.

人気(にんき) 인기

오늘은 코트를 입고 가는 게 좋아요.

コート 코트, 외투
着(き)る 입다

우산을 가져가는 게 좋아요.

傘(かさ) 우산

술은 마시지 않는 게 좋아요.

자기 전에 커피는 마시지 않는 게 좋아요.

+tip ~方がいい가 동사의 기본형에 접속하면 중립적인 표현이 되고, 동사의 과거형에 접속해 ~た方がいい라고 하면 화자의 적극적인 태도를 나타냅니다. 문장 끝에는 종조사 ~よ를 붙이는 것이 자연스럽습니다.

タクシーよりバスに乗る方がいいですよ。

あのレストランはとても人気だから早く予約した方がいいと思うよ。

今日はコートを着て行った方がいいですよ。

傘を持って行った方がいいですよ。

お酒は飲まない方がいいですよ。

寝る前にコーヒーは飲まない方がいいですよ。

39 ～やすい ～하기 쉽다, ～하는 경향이 있다
～にくい ～하기 어렵다, ～하기 힘들다

먹기 편한 약은 없나요?

이 책은 한자가 적어서 읽기 쉬워요.

漢字(かんじ) 한자
少(すく)ない 적다

겨울은 추워서 감기에 걸리기 쉬워요.

冬(ふゆ) 겨울
寒(さむ)い 춥다
風邪(かぜ)を引(ひ)く 감기에 걸리다

시끄러워서 집중하기 어려워요.

うるさい 시끄럽다
集中(しゅうちゅう)する 집중하다

소리가 작아서 잘 안 들려요.

音(おと) 소리, 음

장마철에는 빨래가 잘 안 말라요.

梅雨(つゆ) 장마
時期(じき) 시기, 철
洗濯物(せんたくもの) 빨래, 빨랫감
乾(かわ)く 마르다

tip ~やすい는 어떤 동작을 쉽게 할 수 있거나 어떤 상태가 쉽게 일어나는 것을 말합니다. ~にくい는 어떤 동작을 하기 곤란하거나 어떤 상태가 일어날 확률이 낮음을 나타냅니다.

飲(の)みやすい薬(くすり)はありませんか？

この本(ほん)は漢字(かんじ)が少(すく)なくて読(よ)みやすいです。

冬(ふゆ)は寒(さむ)いので風邪(かぜ)を引(ひ)きやすいです。

うるさくて集中(しゅうちゅう)しにくいです。

音(おと)が小(ちい)さくて聞(き)きにくいです。

梅雨(つゆ)の時期(じき)は洗濯物(せんたくもの)が乾(かわ)きにくいです。

40 ～すぎる 너무 ～하다, 지나치게 ～하다

- 어제는 야식을 너무 많이 먹어 버렸어요.

夜食(やしょく) 야식, 밤참

- 이번 시험은 너무 쉬워서 금방 끝났어요.

今回(こんかい) 이번
試験(しけん) 시험
終(お)わる 끝나다

- 노래방에서 노래를 너무 많이 불러서 목소리가 잘 안 나와요.

カラオケ 노래방

- 선생님 말이 너무 빨라서 메모를 못하겠어요.

速(はや)い (속도가) 빠르다
メモ 메모

- 우리 집은 역에서 너무 멀어서 회사에 가는 게 힘들어요.

遠(とお)い 멀다

- 이 지도는 너무 복잡하니까 더 보기 쉬운 걸로 주세요.

地図(ちず) 지도
複雑(ふくざつ)だ 복잡하다

tip 어떤 동작이나 상태의 정도가 지나침을 나타내는 표현입니다. 긍정적인 내용보다는 부정적인 내용에 많이 쓰입니다.

昨日は夜食を食べすぎてしまいました。

今回の試験は簡単すぎてすぐに終わりました。

カラオケで歌いすぎて声があまり出ません。

先生の話が速すぎてメモができません。

私の家は駅から遠すぎて会社に行くのが大変です。

この地図は複雑すぎるので、もっと見やすいのをください。

41 ~はじめる ~だす

~하기 시작하다

개를 기르기 시작했어요.

飼(か)う (동물) 기르다

지난달부터 새로운 회사에 다니기 시작했어요.

通(かよ)う 다니다

올해는 뭔가 새로운 것을 배우기 시작하려고 해요.

今年(ことし) 올해

아기가 갑자기 울기 시작했어요.

赤(あか)ちゃん 아기, 아가
突然(とつぜん) 돌연, 갑자기
泣(な)く 울다

멈춰 있던 차가 갑자기 달리기 시작했어요.

止(と)まる 멈추다
急(きゅう)に 갑자기
走(はし)る 뛰다, 달리다

갑자기 비가 내리기 시작했어요.

いきなり
갑자기, 느닷없이

tip ~はじめる는 어떤 동작이 시작되고 한동안 지속된다는 뉘앙스가 있고, ~だす는 돌발적으로 시작됐다는 뉘앙스가 있습니다. ~だす는 권유 표현 ~(し)ましょうな 의지 표현 ~(し)ようと思う와 같이 화자의 의지를 나타내는 문장에는 쓸 수 없습니다.

犬を飼いはじめました。

先月から新しい会社に通いはじめました。

今年は何か新しいことを習いはじめようと思っています。

赤ちゃんが突然泣きだしました。

止まっていた車が急に走りだしました。

いきなり雨が降りだしました。

42 ～つづける 계속 ~하다

저는 10년 전부터 이 회사에 계속 다니고 있어요.

학생일 때 산 태블릿을 지금도 계속 쓰고 있어요.

タブレット 태블릿(PC), 휴대용 컴퓨터

친구와 밤늦게까지 계속 이야기했어요.

夜遅く(よるおそ) 밤늦게

유학으로 와서 지금까지 도쿄에 계속 살고 있어요.

스마트폰을 계속 보는 것은 눈에 좋지 않아요.

ずっと 쭉, 계속

작년부터 매일 일기를 쓰고 있어요.

去年(きょねん) 작년
日記(にっき) 일기

tip 동사의 ます형에 접속하여 어떤 동작이나 습관을 계속하거나 어떤 상태가 지속됨을 나타냅니다.

私は１０年前からこの会社に通いつづけています。

学生の時に買ったタブレットを今でも使いつづけています。

友達と夜遅くまで話しつづけました。

留学で来てから今まで東京に住みつづけています。

スマホをずっと見つづけるのは目によくないですよ。

去年から毎日日記を書きつづけています。

43 ~おわる ~きる

다 ~하다, 끝까지 ~하다

보고서는 이미 다 썼어.

지금 막 저녁을 다 먹었어요.

ちょうど 마침, 딱, 막
夕飯(ゆうはん) 저녁밥

다 마신 페트병은 여기에 버려주세요.

ペットボトル 페트병
捨(す)てる 버리다

마라톤대회에서 결승선까지 끝까지 달렸습니다.

マラソン 마라톤
大会(たいかい) 대회
ゴール 골, 결승선

추리소설을 하루 만에 다 읽어버렸어요.

推理小説(すいりしょうせつ) 추리소설

주문한 음식은 전부 다 먹어야 해요.

注文(ちゅうもん)する 주문하다
料理(りょうり) 요리, 음식

+tip ～きるは '완전히 그러한 상태가 되다'라는 뜻으로 극한상태를 나타내기도 하며, 数(かぞ)えきれない(셀 수 없다)와 같이 ～ない를 붙여 '다 ～할 수 없다'라는 의미로 쓰이기도 합니다.

レポートはもう書(か)きおわったよ。

今(いま)ちょうど夕飯(ゆうはん)を食(た)べおわりました。

飲(の)みおわったペットボトルはここに捨(す)ててください。

マラソン大会(たいかい)でゴールまで走(はし)りきりました。

推理小説(すいりしょうせつ)を一日(いちにち)で読(よ)みきってしまいました。

注文(ちゅうもん)した料理(りょうり)は食(た)べきらないといけません。

44 ~にする ~(으)로 하다
~ことにする ~하기로 하다
~ことになる ~하게 되다

저녁은 카레로 할게요.

カレー 카레

음료는 오렌지주스로 할게요.

飲み物(のみもの) 음료, 음료수

내년에 이사하기로 했어요.

引っ越す(ひっこす) 이사하다

프랑스에 유학가기로 했어요.

フランス 프랑스

여행을 취소하게 됐어요.

キャンセルする 취소하다

올가을에 퇴사하게 됐어요.

秋(あき) 가을
退社(たいしゃ)する 퇴사하다

tip ~にする는 명사에, ~ことにする는 동사의 기본형에 접속하여 자기 의지로 결정한 결과를 나타냅니다. ~ことになる는 동사의 기본형에 접속하여 자기 의지가 아닌 외부의 영향으로 그러한 결정을 내렸음을 나타냅니다.

夕飯(ゆうはん)はカレーにします。

飲(の)み物(もの)はオレンジジュースにします。

来年(らいねん)引(ひ)っ越(こ)すことにしました。

フランスに留学(りゅうがく)することにしました。

旅行(りょこう)をキャンセルすることになりました。

今年(ことし)の秋(あき)に退社(たいしゃ)することになりました。

45 ～ようにする ～하도록 하다, ～하게 하다
～ようになる ～하게 되다

메모를 해서 잊어버리지 않도록 하고 있어요.

メモ 메모

건강을 위해 술을 마시지 않도록 하고 있어요.

健康(けんこう) 건강

한국에서 산 휴대폰을 일본에서 사용할 수 있게 했어요.

한자를 읽을 수 있게 됐어요.

漢字(かんじ) 한자

일본어를 능숙하게 말할 수 있게 됐어요.

ペラペラ 술술, 능숙함

자막 없이도 일본 영화를 볼 수 있게 됐어요.

字幕(じまく) 자막
映画(えいが) 영화

tip ～ようにする는 주로 자기 자신의 결정을 말하거나 어떤 상태가 되도록 하는 것을 말합니다. 또 상대방에게 요청할 때에도 사용합니다. ～ようになる는 능력이나 상태의 변화를 나타내는 표현으로 가능 표현과 자주 쓰입니다.

メモをして忘(わす)れないようにしています。

健康(けんこう)のためにお酒(さけ)を飲(の)まないようにしています。

韓国(かんこく)で買(か)った携帯(けいたい)を日本(にほん)で使(つか)えるようにしました。

漢字(かんじ)が読(よ)めるようになりました。

日本語(にほんご)がペラペラ話(はな)せるようになりました。

字幕(じまく)がなくても日本映画(にほんえいが)を見(み)られるようになりました。

46 ～がる ～(해)하다
～がらない ～(해)하지 않다

우리 아이는 늘 단것을 먹고 싶어해요.

甘(あま)いもの 단것
ほしい 바라다, 원하다

저는 추위를 정말 많이 타요.

寒(さむ)がり 추위를 많이 탐

합격 소식을 듣고 그녀는 무척 기뻐했어요.

合格(ごうかく) 합격
知(し)らせ 소식
うれしい 기쁘다

부끄러워하지 말고 자신감을 가지세요.

恥(は)ずかしい 부끄럽다
自信(じしん)を持(も)つ 자신감을 가지다

이 개는 얌전하니 무서워하지 않아도 돼요.

犬(いぬ) 개
大人(おとな)しい 얌전하다, 점잖다
怖(こわ)い 무섭다

귀찮아하지 말고 매일 계속해 봐요.

面倒(めんどう)くさい 귀찮다

tip ~がる/~がらない는 모든 형용사에 붙는 것은 아니니 유의하세요!
또 ~がる는 동사와 마찬가지로 ~がり라는 명사형을 만들 수 있습니다.

うちの子(こ)はいつも甘(あま)いものをほしがるんです。

私(わたし)はとても寒(さむ)がりです。

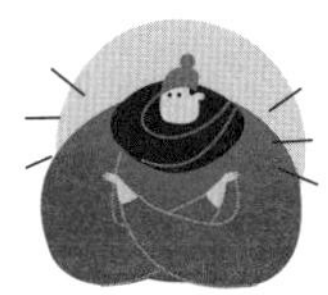

合格(ごうかく)の知(し)らせを聞(き)いて彼女(かのじょ)はとてもうれしがっていました。

恥(は)ずかしがらないで自信(じしん)を持(も)ってください。

この犬(いぬ)は大人(おとな)しいから怖(こわ)がらなくてもいいですよ。

面倒(めんどう)くさがらないで毎日続(まいにちつづ)けてみましょう。

47 ~たがる ~하고 싶어 하다
~たがらない ~하고 싶어 하지 않다

- 그 아이는 금방 새 것을 사고 싶어 해요.

- 친구는 미국에 유학을 가고 싶어 해요.

- 모두 그의 연주를 듣고 싶어 해요.

  演奏(えんそう) 연주

- 룸메이트는 방 청소를 하고 싶어 하지 않아요.

  ルームメイト 룸메이트
  掃除(そうじ) 청소

- 아들은 병원에 가고 싶어 하지 않아요.

  息子(むすこ) 아들
  病院(びょういん) 병원

- 곧 시험인데 남동생은 공부하고 싶어 하지 않아요.

  もうすぐ 곧, 금방
  試験(しけん) 시험

tip ～たがる/～たがらない는 동사의 ます형에 접속하여 제삼자가 희망하는 동작을 나타냅니다.

あの子(こ)はすぐ新(あたら)しいものを買(か)いたがります。

友達(ともだち)はアメリカに留学(りゅうがく)したがっています。

みんな彼(かれ)の演奏(えんそう)を聞(き)きたがっています。

ルームメイトは部屋(へや)の掃除(そうじ)をしたがりません。

息子(むすこ)は病院(びょういん)に行(い)きたがりません。

もうすぐ試験(しけん)なのに、弟(おとうと)はあまり勉強(べんきょう)したがりません。

48 ~だろう ~일 것이다, ~겠다 ~でしょう ~일 거예요, ~이겠죠? ~かもしれない ~(일/할)지도 모른다

다카기 씨는 아직 자고 있겠지.

연휴에는 길이 막히겠지.

連休(れんきゅう) 연휴
道(みち)が混(こ)む 길이 막히다

분명 잘 될 거예요.

きっと 분명, 꼭
うまくいく 잘 되다

꼭 합격할 거예요.

合格(ごうかく)する 합격하다

오늘 밤에 비가 올지도 몰라요.

今夜(こんや) 오늘 밤

이건 스즈키 씨의 휴대폰일지도 몰라.

+tip ~だろう/~でしょう는 가능성이 높은 경우에 사용하고 ~かもしれない는 비교적 가능성이 낮은 경우에 사용합니다. ~のかもしれない/~なのかもしれない와 같이 の 또는 なの를 붙이면 추측을 강조하는 뉘앙스가 있습니다.

高木さんはまだ寝ているだろう。

連休は道が混むだろうね。

きっとうまくいくでしょう。

きっと合格するでしょう。

今夜雨が降るかもしれません。

これは鈴木さんの携帯なのかもしれない。

49 ~らしい ~ようだ ~みたい

~인 것 같다, ~인 듯하다, ~같다

- 역 근처에 맛있는 파스타집이 생겼다는 것 같아요.

お店(みせ) 가게
できる 생기다

- 아오키 씨한테 들었는데 과장님은 다음 달에 회사를 퇴직하나 봐요.

課長(かちょう) 과장(님)
退職(たいしょく)する 퇴직하다

- 사람들이 많이 모여있네요. 무슨 행사를 하는 것 같아요.

集(あつ)まる 모이다
イベント 이벤트, 행사

- 누가 온 것 같아요.

- 뉴스에서 봤는데 내일은 눈이 오려나 봐.

ニュース 뉴스
雪(ゆき) 눈

- 어제부터 목이 아픈데 왠지 감기에 걸린 것 같아요.

のど 목구멍
痛(いた)い 아프다
なんだか 어쩐지, 왠지

tip ～らしい는 간접적으로 얻은 내용을 바탕으로 한 추측 표현으로 비교적 확신이 낮을 때 사용합니다. ～ようだ/～みたい는 자신의 오감을 통한 판단을 나타내는 주관적인 표현입니다. ～ようだ는 글이나 문서에서 많이 쓰이고 ～みたい는 회화에서 많이 쓰입니다.

駅(えき)の近(ちか)くにおいしいパスタのお店(みせ)ができたらしいです。

青木(あおき)さんから聞(き)いたんですが、課長(かちょう)は来月会社(らいげつかいしゃ)を退職(たいしょく)するらしいです。

人(ひと)がたくさん集(あつ)まっていますね。何(なに)かイベントをしているようです。

誰(だれ)かが来(き)たようです。

ニュースで見(み)たけど、明日(あした)は雪(ゆき)が降(ふ)るみたいだよ。

昨日(きのう)からのどが痛(いた)いんですが、なんだか風邪(かぜ)をひいたみたいです。

50 ～はずだ 틀림없이 ~(일/할) 것이다

선생님은 아직 교실에 계실 거예요. 教室(きょうしつ) 교실

버스는 곧 올 거예요.

이 근처에 약국이 있을 거예요. 薬局(やっきょく) 약국

밤부터는 비가 올 거예요.

다나카 씨는 지난주에 이사했을 거예요. 引(ひ)っ越(こ)す 이사하다

마리아 씨는 일본에 10년이나 살고 있으니까 일본어를 잘할 거예요.

tip 어떤 이유를 근거로 하여 '당연히 그럴 것이다', '틀림없이 그렇다'라는 판단을 나타내는 표현입니다.

先生はまだ教室にいるはずです。

バスはもうすぐ来るはずです。

この近くに薬局があるはずです。

夜からは雨が降るはずです。

田中さんは先週引っ越したはずです。

マリアさんは日本に１０年も住んでいるので、日本語が上手なはずです。

51 ~そうだ ~할 것 같다, ~할 듯하다

오늘은 집에 빨리 갈 수 있겠어요.

이 복숭아는 맛있어 보이네요.

桃(もも) 복숭아

책장에서 책이 떨어질 것 같아요.

本棚(ほんだな) 책장, 책꽂이
落(お)ちる 떨어지다

올여름은 작년보다도 더워질 것 같아요.

去年(きょねん) 작년
暑(あつ)い 덥다

대회에서 우승한 선수는 정말 기뻐하는듯 했어요.

大会(たいかい) 대회
優勝(ゆうしょう)する 우승하다
選手(せんしゅ) 선수
うれしい 기쁘다

이 청소기는 무거워서 조금 불편할 것 같아요.

掃除機(そうじき) 청소기
重(おも)い 무겁다
不便(ふべん)だ 불편하다

tip 추측 표현인 ~そうだ는 어떤 상황이나 사물을 보고 생각한 것 또는 앞으로 일어날 일의 방향이나 가능성을 나타냅니다.

今日(きょう)は家(いえ)に早(はや)く帰(かえ)れそうです。

この桃(もも)はおいしそうですね。

本棚(ほんだな)から本(ほん)が落(お)ちそうです。

今年(ことし)の夏(なつ)は去年(きょねん)よりも暑(あつ)くなりそうです。

大会(たいかい)で優勝(ゆうしょう)した選手(せんしゅ)はとてもうれしそうでした。

この掃除機(そうじき)は重(おも)くて少(すこ)し不便(ふべん)そうです。

52 ～そうだ ～라고 한다
～って ～대/래

앨리스 씨는 오늘 안 온다고 해요.

뉴스에 의하면 범인은 잡혔다고 해요.

犯人(はんにん) 범인
つかまる 잡히다

그 드라마는 지금 아주 인기라고 해요.

ドラマ 드라마

집 앞에 있는 빵집은 매주 수요일이 쉬는 날이래요.

パン屋(や) 빵가게, 빵집
毎週(まいしゅう) 매주

마키 선배는 내년에 결혼한대.

先輩(せんぱい) 선배(님)

내일은 아침 8시까지 집합이래.

集合(しゅうごう) 집합

tip 외부로부터 얻은 정보를 다른 사람에게 전달할 때 쓰는 표현으로 ~によると/~によれば(~에 의하면)와 함께 쓰이기도 합니다.

アリスさんは今日来ないそうです。

ニュースによると犯人はつかまったそうです。

あのドラマは今とても人気だそうです。

家の前にあるパン屋は毎週水曜日が休みだそうです。

真紀先輩は来年結婚するんだって。

明日は朝の８時までに集合だって。

53 あげる 주다 くれる 주다 もらう 받다

- 친구에게 선물을 줬어요. — プレゼント 선물

- 야마다 씨는 여자친구에게 꽃다발을 줬습니다. — 彼女(かのじょ) 여자친구 / 花束(はなたば) 꽃다발

- 이모가 저에게 용돈을 줬어요. — お小遣(こづか)い 용돈

- 이건 선생님이 주신 책이에요.

- 미국에 있는 친구한테 편지를 받았어요. — 手紙(てがみ) 편지

- 안내 창구에서 지도를 받을 수 있어요.

tip あげる와 くれる는 주는 사람이 주어가 되고 もらう는 받는 사람이 주어가 됩니다. くれる는 남이 나 또는 내 가족 등 나와 가까운 사람에게 뭔가를 줄 때 사용합니다.

友達(ともだち)にプレゼントをあげました。

山田(やまだ)さんは彼女(かのじょ)に花束(はなたば)をあげました。

おばさんがお小遣(こづか)いをくれました。

これは先生(せんせい)がくれた本(ほん)です。

アメリカにいる友達(ともだち)から手紙(てがみ)をもらいました。

インフォメーションデスクで地図(ちず)をもらうことができますよ。

54 ~てあげる ~해주다
~てくれる
~てもらう

관광객한테 길을 알려줬어요.

観光客(かんこうきゃく) 관광객
教(おし)える
알려주다, 가르치다

내 펜 빌려줄게.

ペン 펜
貸(か)す 빌려주다

동료가 도와줬어요.

同僚(どうりょう) 동료
手伝(てつだ)う 돕다, 거들다

친구가 공항까지 바래다줬어요.

空港(くうこう) 공항
送(おく)る 바래다주다

미용실에서 파마를 했어요.

美容室(びようしつ) 미용실
パーマをかける
파마를 하다

짝꿍이 교과서를 보여줬어요.

隣(となり)の人(ひと) 옆사람, 짝꿍
教科書(きょうかしょ) 교과서

tip ～てあげる는 내가 남에게, 남이 남에게 어떤 행동을 해줄 때 주로 사용합니다.
～てくれる는 상대방이 나 또는 내 주변 사람에게 자발적으로 그 동작을 해줄 때,
～てもらう는 나의 요청으로 상대방이 그 동작을 해줄 때 사용합니다.

観光客(かんこうきゃく)に道(みち)を教(おし)えてあげました。

私(わたし)のペン、貸(か)してあげるよ。

同僚(どうりょう)が手伝(てつだ)ってくれました。

友達(ともだち)が空港(くうこう)まで送(おく)ってくれました。

美容室(びようしつ)でパーマをかけてもらいました。

隣(となり)の人(ひと)に教科書(きょうかしょ)を見(み)せてもらいました。

55 ~と ~하면

봄이 되면 벚꽃이 핍니다.

春(はる) 봄
桜(さくら) 벚꽃
咲(さ)く (꽃이) 피다

이 버튼을 누르면 문이 열립니다.

ボタン 버튼
押(お)す 누르다
ドア 문
開(ひら)く 열리다

커피를 마시면 잠이 깨요.

目(め)が覚(さ)める
잠이 깨다, 눈이 뜨이다

설탕을 넣으면 달콤해져요.

砂糖(さとう) 설탕
入(い)れる 넣다
甘(あま)い 달다, 달콤하다

여권이 없으면 탑승할 수 없습니다.

パスポート 여권
搭乗(とうじょう) 탑승

밥을 먹지 않으면 건강에 좋지 않아요.

具合(ぐあい) 건강 상태

+tip ～と는 동사와 형용사의 기본형에 접속해 어떤 상황이나 일이 필연적으로 일어남을 나타냅니다. ～と의 뒤에는 추측(～でしょう), 부탁(～てください), 희망(～たい) 등의 표현을 사용할 수 없습니다.

春(はる)になると桜(さくら)の花(はな)が咲(さ)きます。

このボタンを押(お)すとドアが開(ひら)きます。

コーヒーを飲(の)むと目(め)が覚(さ)めます。

砂糖(さとう)を入(い)れると甘(あま)くなります。

パスポートがないと搭乗(とうじょう)できません。

ご飯(はん)を食(た)べないと具合(ぐあい)が悪(わる)くなりますよ。

56 ～ば ～하면
～なら ～라면, ～할 거라면
～たら ～하면, ～한다면, ～했더니

- 내일 날씨가 좋으면 소풍 가요.

  天気(てんき) 날씨
  ピクニック 소풍

- 논문을 제출하면 졸업할 수 있어요.

  論文(ろんぶん) 논문
  提出(ていしゅつ)する 제출하다
  卒業(そつぎょう) 졸업

- 시청에 가려면 버스보다 지하철이 편리해요.

  市役所(しやくしょ) 시청
  地下鉄(ちかてつ) 지하철
  便利(べんり)だ 편리하다

- 장 보러 갈 거면 사과 좀 사다 주세요.

  りんご 사과

- 거짓말이 들키면 어떡하지?

  嘘(うそ) 거짓말
  ばれる 들키다

- 어제 산 삼각김밥을 먹었더니 배가 아프기 시작했어요.

  おにぎり 주먹밥, 삼각김밥
  お腹(なか) 배, 복부
  痛(いた)い 아프다

tip ～ば/～なら와는 달리 ～たら는 구어체로 많이 쓰이며 과거를 나타내는 문장과 함께 쓰이기도 합니다.

明日天気が良ければピクニックに行きましょう。

論文を提出すれば卒業できます。

市役所に行くならバスより地下鉄の方が便利ですよ。

買い物に行くならりんごを買ってきてください。

嘘がばれたらどうしよう。

昨日買ったおにぎりを食べたらお腹が痛くなりました。

57 ～より ～보다
一番（いちばん）～ 제일～

저는 여름보다 겨울이 좋아요.

夏（なつ） 여름
冬（ふゆ） 겨울

샌들보다 운동화가 걷기 편해요.

サンダル 샌들
スニーカー 운동화
歩（ある）く 걷다

스키보다 스케이트를 더 잘 타요.

スキー 스키
スケート 스케이트
得意（とくい）だ 잘 하다

한국요리 중에 뭘 제일 좋아해요?

料理（りょうり） 요리, 음식

내가 만든 요리가 제일 맛있어요.

自分（じぶん） 나, 자신

우리 가족 중에서 여동생이 제일 키가 커요.

家族（かぞく） 가족
背（せ）が高（たか）い 키가 크다

私は夏より冬が好きです。

サンダルよりスニーカーの方が歩きやすいです。

スキーよりスケートの方が得意です。

韓国料理の中で何が一番好きですか？

自分で作くった料理が一番おいしいです。

うちの家族の中で妹が一番背が高いです。

58 ～ので ～이어서, ～하니까 ～のに ～인데

오늘은 쉬는 날이어서 집에 있어요.

지금 버스를 내렸으니 조금만 더 기다려주세요.

待(ま)つ 기다리다

얼른 복사해올 테니 잠시만 기다려 주세요.

コピーする 복사하다
少々(しょうしょう) 잠시만, 잠깐만

운동을 하는데도 근육이 좀처럼 잘 생기지 않아요.

なかなか 좀처럼
筋肉(きんにく) 근육
つく 붙다, 생기다

어제 샀는데 벌써 망가졌지 뭐야.

壊(こわ)れる
망가지다, 고장나다

이제 가을인데도 아직 더워요.

秋(あき) 가을

tip ～ので는 이유를 나타내고, ～のに는 자신의 생각이나 희망 등과 반대임을 나타냅니다. ～ので는 정중한 표현이므로 ～だ 또는 ～だった로 끝나는 보통체 문장에는 사용하지 않습니다.

今日は休みなので家にいます。

今バスを降りたので、もう少し待ってください。

すぐコピーして来ますので、少々お待ちください。

運動しているのになかなか筋肉がつきません。

昨日買ったのにもう壊れてしまったの。

もう秋なのにまだ暑いです。

59 ～れる/～られる

～하게 되다, ～당하다, ～받다

친구 집에 초대받았어요.

招待(しょうたい)する 초대하다

여행 중에 지갑을 도둑맞았어요.

～中(ちゅう) ～하는 중, ～중
財布(さいふ) 지갑
盗(ぬす)む 훔치다, 도둑질하다

비를 맞아서 옷이 다 젖어 버렸어요.

服(ふく) 옷
濡(ぬ)れる 젖다

여동생이 케이크를 다 먹어버렸어요.

우리 집 개는 가족 모두에게 사랑받고 있어요.

みんな 모두
愛(あい)する 사랑하다

공원에서 벼룩 시장이 열린다고 해요.

公園(こうえん) 공원
フリーマーケット 벼룩 시장

tip 수동형은 주로 타인의 동작으로 인해서 내가 어떤 영향을 받았거나 피해를 입었을 때 사용합니다. 또 어떠한 객관적인 현상이나 사실을 말할 때도 많이 사용합니다.

友達(ともだち)の家(いえ)に招待(しょうたい)されました。

旅行中(りょこうちゅう)に財布(さいふ)を盗(ぬす)まれました。

雨(あめ)に降(ふ)られて服(ふく)が濡(ぬ)れてしまいました。

妹(いもうと)にケーキを全部(ぜんぶ)食(た)べられました。

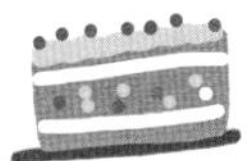

うちの犬(いぬ)は家族(かぞく)みんなに愛(あい)されています。

公園(こうえん)でフリーマーケットが開(ひら)かれるそうです。

60 ~せる/~させる

~하게 하다, ~시키다

- 남동생에게 방 청소를 시켰어요.

弟(おとうと) 남동생
掃除(そうじ) 청소

- 그는 주변 사람들을 잘 웃게 해요.

周(まわ)り 주변, 근처
笑(わら)う 웃다

- 걱정 끼쳐서 미안해.

- 여러분의 의견을 들려주세요.

みなさん 여러분
意見(いけん) 의견

- 몸 상태가 안 좋은데 집에 가도 될까요?

体調(たいちょう) 몸 상태, 건강
悪(わる)い 나쁘다

- 실례지만 휴대폰을 써도 될까요?

tip 사역형은 상대방에게 어떤 행동을 하도록 한다는 표현으로 강제, 허가 또는 감정 유발 등의 뜻을 나타냅니다. 상대방에게 정중하게 부탁하고 싶을 때는 ~(さ)せてもらえませんか/~(さ)せていただけませんか라고 하면 됩니다.

弟に部屋の掃除をさせました。

彼はよく周りの人を笑わせます。

心配させてごめんね。

みなさんの意見を聞かせてください。

体調が悪いので家に帰らせてもらえませんか？

すみませんが、携帯を使わせていただけませんか？

PART 3

상황별 표현

해설 강의 &
MP3 듣기

01 자기 소개

제 이름은 이수현입니다.

名前(なまえ) 이름

저는 한국인입니다.

韓国人(かんこくじん) 한국인

올해 스무살이 됩니다.

今年(ことし) 올해
20歳(はたち) 스무살

한국대학교 2학년이고, 경제학을 전공하고 있습니다.

経済学(けいざいがく) 경제학
専攻(せんこう) 전공

저는 제주도에 살고 있습니다.

チェジュド 제주도

베이킹을 좋아해서 빵집에서 아르바이트를 하고 있어요.

パン作(づく)り 제빵, 베이킹
アルバイト 아르바이트

tip 자기 소개를 한 후에는 보통 よろしくお願いします로 마무리합니다.

私の名前はイ・スヒョンです。

私は韓国人です。

今年20歳になります。

韓国大学2年生で、経済学を専攻しています。

私はチェジュドに住んでいます。

パン作りが好きで、パン屋でアルバイトをしています。

02 길찾기

실례합니다. 여기에 가고 싶은데요.

버스 정류장은 어디인가요?

バス停(てい) 버스 정류장

이 근처에 편의점이 있나요?

コンビニ 편의점

A호텔은 여기에서 먼가요?

遠(とお)い 멀다

놀이공원은 어떻게 가면 되나요?

遊園地(ゆうえんち) 유원지, 놀이공원

박물관은 여기서 걸어서 갈 수 있나요?

博物館(はくぶつかん) 박물관
歩(ある)く 걷다

すみません、ここに行(い)きたいんですけど。

バス停(てい)はどこですか？

この近(ちか)くにコンビニはありますか？

Ａ(エー)ホテルはここから遠(とお)いですか？

遊園地(ゆうえんち)にはどう行(い)けばいいですか？

博物館(はくぶつかん)はここから歩(ある)いて行(い)けますか？

03 길 안내하기

- 이 길을 곧장 가세요.

  まっすぐ 똑바로, 곧장

- 교차로에서 왼쪽으로 꺾으세요.

  交差点(こうさてん) 교차로
  左(ひだり) 왼쪽
  曲(ま)がる 돌다, 꺾다

- 은행 옆에 있습니다.

  銀行(ぎんこう) 은행
  隣(となり) 옆, 곁

- 역에서 걸어서 5분 정도입니다.

  歩(ある)く 걷다
  ～くらい ～정도

- 육교를 건너세요.

  歩道橋(ほどうきょう) 육교
  渡(わた)る 건너다

- 남쪽 출구를 나와서 횡단보도를 건너세요.

  南(みなみ) 남쪽
  出口(でぐち) 출구
  横断歩道(おうだんほどう) 횡단보도

+tip 길을 헤매고 있는 일본인 관광객에게 도움을 주고 싶다면 何(なに)かお困(こま)りですか(도와 드릴까요?)라고 하면 됩니다. 이 문장은 직역하면 '뭔가 곤란하신가요?'이지만 '도와드릴까요?'라고 해석하는 것이 자연스럽습니다. 그리고 만약 상대방이 찾는 곳을 잘 모를 경우에는 私もよく分からないんです(저도 잘 모르겠어요)라고 하면 됩니다.

この道(みち)をまっすぐ行(い)ってください。

交差点(こうさてん)で左(ひだり)に曲(ま)がってください。

銀行(ぎんこう)の隣(となり)にあります。

駅(えき)から歩(ある)いて5分(ごふん)くらいです。

歩道橋(ほどうきょう)を渡(わた)ってください。

南出口(みなみでぐち)を出(で)て横断歩道(おうだんほどう)を渡(わた)ってください。

04 대중 교통 이용하기①

- 이 버스는 우에노까지 가나요?

上野(うえの) 우에노(지명)

- 요금은 얼마인가요?

料金(りょうきん) 요금
いくら 얼마

- 이 열차는 시부야행 일반열차입니다.

列車(れっしゃ) 열차
渋谷(しぶや) 시부야(지명)
~行(ゆ)き ~행
各駅停車(かくえきていしゃ) 일반열차

- 다음 역에서 갈아타세요.

次(つぎ) 다음
乗(の)り換(か)える 갈아타다

- 교통카드는 어디서 충전하나요?

ＩＣ(アイシー)カード 교통카드
チャージする 충전하다

- 5번 버스를 타서 세 번째 정류장에서 내리세요.

~目(め) ~번 째
下(お)りる 내리다

tip 일본에서는 과거 증기를 이용해 달리던 것을 기차라고 부르고, 한국어의 기차에 해당하는 단어는 지역에 따라 조금 다르지만 電車(でんしゃ/전차), 列車(れっしゃ/열차) 이 두 가지를 주로 사용합니다. 고속열차인 신칸센은 원래 이름이 '신칸센 전차'이지만 보통 '신칸센'이라고 합니다.

このバスは上野(うえの)まで行(い)きますか？

料金(りょうきん)はいくらですか？

この列車(れっしゃ)は渋谷(しぶや)行(ゆ)きの各駅停車(かくえきていしゃ)です。

次(つぎ)の駅(えき)で乗(の)り換(か)えてください。

ＩＣ(アイシー)カードはどこでチャージしますか？

５番(ごばん)バスに乗(の)って３つ目(みっつめ)のバス停(てい)で下(お)りてください。

05 대중 교통 이용하기②

오사카 왕복 티켓 1장 주세요.

大阪(おおさか) 오사카(지명)
往復(おうふく) 왕복
きっぷ 표, 티켓

개찰구는 어느 쪽인가요?

改札口(かいさつぐち) 개찰구
どっち(=どちら) 어느 쪽

급행 승강장은 어디인가요?

急行(きゅうこう) 급행
乗(の)り場(ば) 승강장

2번 승강장으로 가세요.

도쿄대학까지 가 주세요.

여기서 세워 주세요.

止(と)める 멈추다, 세우다

大阪の往復きっぷ１枚ください。

改札口はどっちですか？

急行乗り場はどこですか？

２番線乗り場に行ってください。

東京大学までお願いします。

ここで止めてください。

06 예약하기

다음 주 금요일 저녁 7시에 4명 예약하고 싶은데요.

予約(よやく)する 예약하다

다음 달 1일에 1박 예약 가능한가요?

～泊(はく) ～박

픽업 서비스가 있나요?

送迎(そうげい) 픽업, 마중과 배웅

サービス 서비스

그 날은 예약이 어렵습니다.

難(むずか)しい 어렵다, 힘들다

예약 가능합니다만, 몇 분이신가요?

何名様(なんめいさま) 몇 분

예약해 주셔서 감사합니다.

+tip 예약을 취소하고 싶다면 予約をキャンセルしたいです(예약을 취소하고 싶습니다)라고 말하면 됩니다.

来週金曜日夜7時に4人で予約したいんですが。

来月1日に1泊予約できますか？

送迎サービスはありますか？

その日は予約が難しいです。

予約できますが、何名様ですか？

ご予約いただき、ありがとうございます。

07 호텔에서①

체크인 부탁합니다. 예약한 김현준입니다.

チェックイン 체크인

금연실로 부탁합니다.

禁煙室(きんえんしつ) 금연실

조식은 어디에서 먹나요?

朝食(ちょうしょく) 조식, 아침 식사

침대가 두 개인가요?

ツインベッド
트윈 베드, 침대가 두 개임

짐을 맡길 수 있을까요?

荷物(にもつ) 짐
預(あず)かる 맡다, 보관하다

체크아웃은 몇 시인가요?

チェックアウト
체크 아웃

+tip 호텔의 방 번호를 말할 때, 201호실이라면 に・まる・いちごうしつ라고도 하지만 요즘은 にひゃくいちごうしつ라고 하는 경우가 많습니다. 마찬가지로 1108호실이라면 いち・いち・ぜろ・はちごうしつ라기보다는 せんひゃくはちごうしつ라고 하는게 더 일반적입니다.

チェックインお願(ねが)いします。予約(よやく)したキム・ヒョンジュンです。

禁煙室(きんえんしつ)でお願(ねが)いします。

朝食(ちょうしょく)はどこで食(た)べますか？

ツインベッドですか？

荷物(にもつ)を預(あず)かってもらえますか？

チェックアウトは何時(なんじ)ですか？

08 호텔에서②

따뜻한 물이 안 나와요. — お湯(ゆ) 온수, 따뜻한 물

청소는 나중에 해 주세요. — 掃除(そうじ) 청소 / 後(あと)で 나중에

불이 켜지지 않아요. — 電気(でんき) 전기, 불(조명)

다른 방으로 바꾸고 싶은데요. — 変(か)える 바꾸다, 교체하다

룸서비스 부탁할게요. — ルームサービス 룸서비스

수건을 더 가져다 주실 수 있을까요? — タオル 수건

tip 호텔 방은 보통 部屋(へや)라고 하며 ルーム는 ルームサービス(룸서비스), ルームデポジット(룸 보증금), ツインルーム(2인용 객실)와 같이 씁니다.

お湯(ゆ)が出(で)ないんです。

掃除(そうじ)は後(あと)でしてください。

電気(でんき)がつかないんです。

他(ほか)の部屋(へや)に変(か)えたいのですが。

ルームサービスをお願(ねが)いします。

タオルをもう少(すこ)し持(も)ってきてもらえますか？

09 식당/카페에서

이건 맵나요?

辛(から)い 맵다

이 요리에 달걀이 들어 있나요?

卵(たまご) 달걀, 계란

치즈케이크 하나랑 홍차 두 잔 주세요.

チーズケーキ 치즈 케이크
紅茶(こうちゃ) 홍차

이 메뉴는 포장 되나요?

メニュー 메뉴
持(も)ち帰(かえ)り 가져감, 포장

디저트는 식사 후에 주세요.

デザート 디저트, 후식
食後(しょくご) 식후, 식사 후

계산은 따로따로 해주세요.

会計(かいけい) 계산
別々(べつべつ) 각각, 따로따로

+tip 식당 등에서 돈을 지불할 때 쓰는 '계산'이라는 표현은 일본어로 会計(かいけい)라고 합니다. 한자 그대로인 計算(けいさん)이라고 하지 않으니 주의하세요.

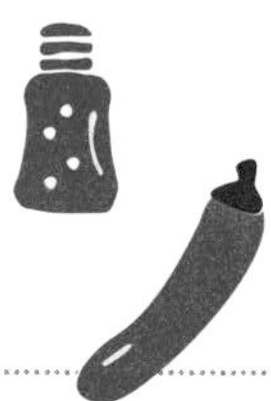

これは辛(から)いですか？

この料理(りょうり)に卵(たまご)が入(はい)っていますか？

チーズケーキ一(ひと)つと紅茶(こうちゃ)二(ふた)つください。

このメニューは持(も)ち帰(かえ)りできますか？

デザートは食後(しょくご)にお願(ねが)いします。

会計(かいけい)は別々(べつべつ)にしてください。

10 쇼핑하기

이 셔츠 다른 색깔도 있나요?

シャツ 셔츠
色(いろ) 색, 색깔

좀 더 큰 사이즈를 보여주세요.

もっと 더, 좀 더
サイズ 사이즈
見(み)せる 보여주다

이 원피스 입어 볼 수 있을까요?

ワンピース 원피스
試着(しちゃく)する 입어 보다

이것도 할인되나요?

割引(わりびき) 할인

신용카드로 지불할 수 있나요?

クレジットカード 신용카드
払(はら)う 지불하다

새 것으로 교환하고 싶은데요.

交換(こうかん)する 교환하다

+tip 일본에서는 아직까지 신용카드보다 현금을 사용하는 사람이 더 많습니다. '거스름돈'은 일본어로 おかえし 또는 おつり라고 하는데, おかえし는 返す(돌려주다)라는 동사에서 나온 말이기 때문에 주로 상점에서 계산을 하고 점원이 돈을 돌려줄 때 사용합니다.

このシャツ、他(ほか)の色(いろ)もありますか？

もっと大(おお)きいサイズのものを見(み)せてください。

このワンピース、試着(しちゃく)してみてもいいですか？

これも割引(わりびき)になりますか？

クレジットカードで払(はら)えますか？

新(あたら)しいものに交換(こうかん)したいんですが。

11 불만 표시하기

이 시계 어제 산 건데 벌써 멈춰버렸어요.

時計(とけい) 시계
もう 이미, 벌써
止(と)まる 멈추다

이거 유통기한이 지났는데요.

賞味期限(しょうみきげん) 유통기한
切(き)れる (기한이) 다 되다

주문한 거랑 다른데요.

注文(ちゅうもん)する 주문하다
違(ちが)う 다르다

이게 어떻게 된 거죠?

どういう 어떤, 무슨

제대로 설명해 주세요.

きちんと 정확히, 제대로
説明(せつめい)する 설명하다

저기, 좀 조용히 해주세요.

静(しず)かに 조용히

この時計昨日買ったばかりなんですが、もう止まってしまったんです。

これ、賞味期限が切れているんですけど。

注文したものと違うんですけど。

これはどういうことでしょうか？

きちんと説明してください。

あの、ちょっと静かにしてもらえませんか？

12 전화하기

여보세요. 사토 씨 있나요?

もしもし 여보세요

전화 바꿨습니다.

かわる 바꾸다, 바뀌다

30분 후에 다시 걸어 주세요.

かける 걸다

죄송해요. 전화 잘못 걸었어요.

番号(ばんごう) 번호
間違(まちが)える 틀리다, 잘못하다

지금 바빠서 이따가 다시 전화할게요.

잘 안 들리는데, 라인 보내줄래?

聞(き)こえる 들리다
ライン 라인(메시지 앱)
送(おく)る 보내다, 전송하다

+tip '통화 가능해?', '통화는 어려워요'라고 할 때는 通話(つうわ)가 아니라 電話(でんわ)를 써야 합니다. 通話는 通話中だ(통화 중이다)라고 할 때를 제외하고는 그다지 사용하지 않습니다.

もしもし、佐藤(さとう)さんいますか？

お電話(でんわ)かわりました。

３０分後(さんじゅっぷんご)にまたかけてください。

すみません。番号間違(ばんごうまちが)えました。

今忙(いまいそが)しいので後(あと)でまた電話(でんわ)します。

よく聞(き)こえないからライン送(おく)ってくれる？

13 초대/권유하기

다음 주 집들이에 초대하고 싶어요.

引っ越しパーティー 집들이

모리 씨 생일파티에 같이 가요.

괜찮으면 일요일에 영화 보러 가지 않을래요?

학교 앞에 생긴 카페에 케이크가 진짜 맛있다니까 가보자.

カフェ 카페
できる 생기다

오늘 점심은 파스타 먹으러 가요.

お昼 점심(밥)
パスタ 파스타

5월 10일에 결혼하는데 와줬으면 좋겠어요.

tip 권유할 때는 ~(し)ませんか/~(し)ましょう/~てくれたらうれしいです 등의 표현을 많이 쓰며 앞에 ぜひ를 붙이면 더욱 강조하는 느낌을 전달할 수 있습니다.

来週引っ越しパーティーに招待したいんですが。

森さんの誕生日パーティーに一緒に行きましょう。

よかったら日曜日に映画を見に行きませんか？

学校の前にできたカフェ、ケーキがすごくおいしいみたいだから行ってみよう。

今日のお昼はパスタを食べに行きましょう。

５月１０日に結婚するので来てもらえたらうれしいです。

14 승낙/거절하기

좋아요. 몇 시에 갈까요?

초대해 주셔서 감사합니다.

그 날을 기대하고 있을게요.

楽しみ 즐거움, 기대

죄송해요. 그 날은 조금 어려워요.

그날은 다른 약속이 있는데, 금요일은 어때요?

約束 약속

이번 주말은 안 될 것 같아.

今週末 이번 주말
無理 무리, 어려움

tip 거절 표현으로는 結構(けっこう)です/大丈夫(だいじょうぶ)です/すみません 등을 사용합니다. 結構です는 정중하면서 분명한 거절 의사를 나타냅니다.

いいですね、何時に行きましょうか？

ご招待ありがとうございます。

その日を楽しみにしています。

すみません。その日はちょっと…。

その日は他の約束があるんですが、金曜日はどうですか?

今週末はちょっと無理だと思う。

15 병원에서①

어디가 불편하세요?

열이 나고 기침도 나요.

熱(ねつ) 열
咳(せき)が出(で)る 기침이 나다

콧물이 나고 머리가 아파요.

鼻水(はなみず) 콧물
頭(あたま) 머리

목이 따끔따끔 아파요.

のど 목구멍
ちくちく 따끔따끔

구토가 나고 설사도 해요.

吐(は)き気(け) 구토
下痢(げり) 설사

어제 저녁을 먹고 난 뒤부터 배가 아파요.

夕飯(ゆうはん) 저녁밥
お腹(なか) 배, 복부

+tip 한국어는 목구멍과 목을 따로 구분하지 않고 둘 다 '목이 아프다'고 말하지만, 일본어는 목구멍은 喉(のど), 목은 首(くび)라고 합니다.

どうしましたか？

熱(ねつ)があって咳(せき)も出(で)ます。

鼻水(はなみず)が出(で)て頭(あたま)が痛(いた)いです。

のどがちくちく痛(いた)いです。

吐(は)き気(け)がして下痢(げり)も出(で)ます。

昨日(きのう)夕飯(ゆうはん)を食(た)べた後(あと)からお腹(なか)が痛(いた)いです。

16 병원에서②

❁ 어지럽고 오한이 들어요.

目まい(め) 현지증, 어지러움
寒気(さむけ) 오한, 한기

❁ 밤에 잠이 잘 안 와요.

眠る(ねむ) 잠들다

❁ 알레르기는 없습니다.

アレルギー 알레르기

❁ 피부가 붓고 가려워요.

肌(はだ) 피부
腫れる(は) 붓다
かゆい 가렵다

❁ 계단에서 넘어져서 다리를 다쳤어요.

階段(かいだん) 계단
転ぶ(ころ) 구르다, 넘어지다
けがする 상처 입다, 다치다

❁ 오른쪽 어금니가 아파요. 충치가 생겼나 봐요.

奥歯(おくば) 어금니
虫歯(むしば) 충치

目(め)まいがして寒気(さむけ)もします。

夜(よる)よく眠(ねむ)れません。

アレルギーはありません。

肌(はだ)が腫(は)れてかゆいです。

階段(かいだん)で転(ころ)んで足(あし)をけがしました。

右(みぎ)の奥歯(おくば)が痛(いた)いです。虫歯(むしば)ができたみたいです。

17 약국에서

- 이 약은 식사 후에 드세요.

- 이 약을 먹으면 조금 졸릴 거예요.　　眠(ねむ)い 졸리다

- 열이 있으니 해열제를 주세요.　　解熱剤(げねつざい) 해열제

- 두통약 주세요.　　頭痛薬(ずつうやく) 두통약

- 변비가 나흘이나 계속되니까 변비약을 주세요.　　便秘(べんぴ) 변비

- 벌레 물린 데 바르는 약 주세요.　　虫刺(むしさ)され 벌레 물림

tip 감기약은 風邪薬(かぜぐすり), 진통제는 痛(いた)み止(ど)め, 안약은 目薬(めぐすり)라고 합니다.

この薬(くすり)はご飯(はん)を食(た)べてから飲(の)んでください。

この薬(くすり)を飲(の)んだらすこし眠(ねむ)くなります。

熱(ねつ)があるので解熱剤(げねつざい)をください。

頭痛薬(ずつうやく)をください。

便秘(べんぴ)が4日(よっか)も続(つづ)いているので便秘薬(べんぴやく)をください。

虫刺(むしさ)されの薬(くすり)をください。

18 학교에서

선생님, 질문이 있습니다.

質問(しつもん) 질문

이 내용이 이해가 되질 않습니다.

内容(ないよう) 내용
分(わ)かる 알다, 이해하다

시험은 언제부터인가요?

보고서는 언제까지 내면 되나요?

지금 어떤 수업 듣고 있어?

授業(じゅぎょう)をとる 수강하다

학교에는 어떤 동아리가 있어?

サークル 동아리

tip 일본어의 先生(せんせい)와 教授(きょうじゅ)는 단어 자체에 존경의 의미가 포함되어 있어 뒤에 様(さま)를 붙이지 않습니다. 초중고뿐만 아니라 대학교에서도 교수님을 부를 때는 先生라고 하는 것이 일반적입니다.

先生(せんせい)、質問(しつもん)があります。

この内容(ないよう)がよく分(わ)かりません。

テストはいつからですか？

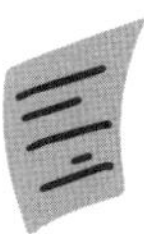

レポートはいつまでに出(だ)せばいいですか？

今(いま)どんな授業(じゅぎょう)とってるの？

学校(がっこう)にはどんなサークルがあるの？

19 회사에서

야마다 부장님은 지금 자리에 안 계십니다.

席を外す 자리를 비우다

확인 후에 말씀드리겠습니다.

確認する 확인하다
申し上げる 말씀드리다

보고서는 내일 오전까지 작성하겠습니다.

報告書 보고서
作成する 작성하다

이 서류를 10부 복사해 주세요.

書類 서류
コピーする 복사하다

오후 2시부터 새 프로젝트에 관해 회의가 있습니다.

プロジェクト 프로젝트, 기획
～に関して ～에 관해

오늘 몸이 안 좋아서 쉬고 싶은데요….

体 몸
調子が悪い 몸이 안 좋다

+tip 部長(ぶちょう), 課長(かちょう) 등의 단어도 先生와 마찬가지로 존경의 의미를 포함하고 있습니다. 따라서 '부장님', '과장님'과 같이 상사의 직급을 부를 때에도 様를 붙이지 않습니다.

山田部長は今席を外しております。

確認した後に申し上げます。

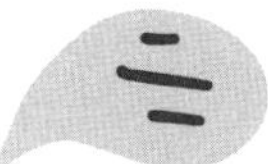

報告書は明日の午前までに作成します。

この書類を10部コピーしてください。

午後2時から新しいプロジェクトに関して会議があります。

今日は体の調子が悪いので、休ませていただきたいのですが…。

20 관공서에서

한국으로 편지를 보내고 싶어요.

手紙(てがみ) 편지
送る(おく) 보내다, 전송하다

휴대폰을 잃어버렸어요.

携帯(けいたい) 휴대폰
なくす 잃어버리다

가방을 도둑맞았어요.

盗む(ぬす) 훔치다

계좌를 만들고 싶은데요.

口座(こうざ) 계좌, 구좌

미국으로 돈을 보내고 싶습니다.

외국인 등록을 하고 싶습니다.

外国人(がいこくじん) 외국인
登録(とうろく) 등록

韓国(かんこく)に手紙(てがみ)を送(おく)りたいです。

携帯(けいたい)をなくしてしまいました。

かばんを盗(ぬす)まれました。

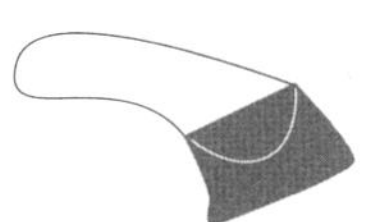

口座(こうざ)を作(つく)りたいんですが。

アメリカにお金(かね)を送(おく)りたいです。

外国人登録(がいこくじんとうろく)をしたいです。

PART 4

주제별 표현

해설 강의 &
MP3 듣기

01 하루 일과

- 아침 7시에 일어나서 양치질을 하고 밥을 먹어요.

  歯(は)を磨(みが)く 이를 닦다, 양치질하다

- 8시에 지하철을 타고 출근해요.

  出勤(しゅっきん)する 출근하다

- 점심을 먹고 공원 산책을 해요.

  昼(ひる)ご飯(はん) 점심밥
  公園(こうえん) 공원
  散歩(さんぽ)する 산책하다

- 낮에 졸릴 때는 커피를 마셔요.

  昼間(ひるま) 낮, 낮시간
  眠(ねむ)い 졸리다

- 퇴근한 뒤에는 헬스장에서 1시간 운동해요.

  退勤(たいきん)する 퇴근하다
  ジム 체육관, 헬스장
  運動(うんどう)する 운동하다

- 자기 전에 샤워를 해요.

  シャワーを浴(あ)びる 샤워를 하다

tip 한국어로는 '샤워한다' 또는 '목욕한다'는 말을 대신해 '씻는다'는 표현도 많이 쓰지만, 일본어로는 샤워할 때는 シャワーをあびる/する라고 하고, 욕조에 들어가서 씻을 때는 お風呂(ふろ)に入(はい)る라고 합니다.

朝(あさ)7時(しちじ)に起(お)きて歯(は)を磨(みが)いてからご飯(はん)を食(た)べます。

8時(はちじ)に地下鉄(ちかてつ)に乗(の)って出勤(しゅっきん)します。

昼(ひる)ご飯(はん)を食(た)べて公園(こうえん)を散歩(さんぽ)します。

昼間(ひるま)眠(ねむ)い時(とき)はコーヒーを飲(の)みます。

退勤(たいきん)した後(あと)はジムで1時間運動(いちじかんうんどう)します。

寝(ね)る前(まえ)にシャワーを浴(あ)びます。

02 가족

우리 가족은 할머니, 할아버지, 어머니, 아버지, 저로 다섯 식구예요.

家族(かぞく) 가족
祖母(そぼ) 할머니
祖父(そふ) 할아버지

우리는 삼 남매예요.

兄弟(きょうだい) 형제, 남매

연년생인 오빠와/형과 쌍둥이인 여동생이 있어요.

年子(としご) 연년생
双子(ふたご) 쌍둥이

언니/누나의 직업은 뭐예요?

仕事(しごと) 일, 직업

아버지는 회사원이고 시골에 살고 계세요.

会社員(かいしゃいん) 회사원
田舎(いなか) 시골

고양이를 한 마리 기르고 있어요.

一匹(いっぴき) 한 마리
飼(か)う (동물) 기르다

tip 자신의 가족을 부르거나 대화를 할 때는 보통 할아버지는 おじいちゃん, 할머니는 おばあちゃん, 아버지는 お父さん 또는 パパ, 어머니는 お母さん 또는 ママ, 형/오빠는 お兄ちゃん, 언니/누나는 お姉ちゃん으로 부릅니다. 동생은 이름으로 부르는 경우가 많습니다.

私の家族は祖母、祖父、母、父、私の５人家族です。

私たちは３人兄弟です。

年子の兄と双子の妹がいます。

お姉さんの仕事はなんですか？

父は会社員で、田舎に住んでいます。

猫を一匹飼っています。

03 건강

건강을 위해서 작년부터 금연하고 있어요.

健康(けんこう) 건강
～のために ～을/를 위해서
禁煙(きんえん) 금연

술은 과음하지 않도록 주의하고 있어요.

気(き)をつける 주의하다

1년에 한 번은 건강검진을 받고 있어요.

健康診断(けんこうしんだん) 건강검진
受(う)ける 받다

채소를 많이 먹으려고 해요.

野菜(やさい) 채소, 야채

요즘 잠이 부족해서 무척 피곤해요.

寝不足(ねぶそく) 잠이 부족함
疲(つか)れる 지치다, 피곤하다

주말에는 등산을 가요.

登山(とざん) 등산

tip 일본에서 횟수를 나타내는 말은 回(かい)와 度(ど)가 있는데, 三回(さんかい)会いました/三度(さんど)会いました (세 번 만났어요)와 같이 서로 바꿔 쓸 수도 있습니다. 回는 그 행동이 앞으로도 반복될 것이라는 느낌을 전달하는 반면 度는 반복될 예정이 없거나 그렇게 예상되지 않는 경우에 사용하는 경향이 있습니다.

健康(けんこう)のために昨年(きょねん)から禁煙(きんえん)しています。

お酒(さけ)は飲(の)みすぎないように気(き)をつけています。

１年(いちねん)に一度(いちど)は健康診断(けんこうしんだん)を受(う)けています。

野菜(やさい)をたくさん食(た)べることにしています。

最近(さいきん)寝不足(ねぶそく)でとても疲(つか)れています。

週末(しゅうまつ)には登山(とざん)に行(い)きます。

04 취미

쉴 때는 보통 뭘 해요?

ふつう 보통, 대체로

해외여행을 가는 것을 좋아해요.

海外(かいがい) 해외
旅行(りょこう) 여행

가끔 백화점에 쇼핑하러 가요.

たまに 가끔

클래식을 좋아해서 자주 피아노를 쳐요.

クラシック 클래식(음악)
ピアノを弾(ひ)く 피아노를 치다

친구들과 사진을 찍으러 가요.

写真(しゃしん)を撮(と)る 사진을 찍다

공원에서 자전거를 타요.

自転車(じてんしゃ)に乗(の)る 자전거를 타다

<ruby>休<rt>やす</rt></ruby>む<ruby>時<rt>とき</rt></ruby>はふつう<ruby>何<rt>なに</rt></ruby>をしますか？

<ruby>海外旅行<rt>かいがいりょこう</rt></ruby>に<ruby>行<rt>い</rt></ruby>くのが<ruby>好<rt>す</rt></ruby>きです。

たまにデパートへ<ruby>買<rt>か</rt></ruby>い<ruby>物<rt>もの</rt></ruby>に<ruby>行<rt>い</rt></ruby>きます。

クラシックが<ruby>好<rt>す</rt></ruby>きでよくピアノを<ruby>弾<rt>ひ</rt></ruby>きます。

<ruby>友達<rt>ともだち</rt></ruby>と<ruby>写真<rt>しゃしん</rt></ruby>を<ruby>撮<rt>と</rt></ruby>りに<ruby>行<rt>い</rt></ruby>きます。

<ruby>公園<rt>こうえん</rt></ruby>で<ruby>自転車<rt>じてんしゃ</rt></ruby>に<ruby>乗<rt>の</rt></ruby>ります。

05 영화

지난 주말에 부모님과 함께 영화를 봤어요.

先週末(せんしゅうまつ) 지난 주말
両親(りょうしん) 부모님

그 영화 벌써 봤어?

이 영화는 내용도 좋고 배우의 연기도 좋아요.

内容(ないよう) 내용
俳優(はいゆう) 배우
演技(えんぎ) 연기

제가 좋아하는 배우가 주인공이라서 보러 왔어요.

主人公(しゅじんこう) 주인공

요즘은 어플로 영화를 예약해요.

アプリ 어플, 앱

저는 극장에서 영화를 볼 때 앞자리보다 뒷자리를 좋아해요.

映画館(えいがかん) 영화관, 극장
席(せき) 좌석, 자리

+tip 일본어로 '영화가 개봉하다'는 映画が公開(こうかい)される(영화가 공개되다)라고 합니다. '개봉'을 한자 그대로 開封(かいふう)라고 하지 않도록 주의하세요.

先週末に両親と一緒に映画を見ました。

その映画もう見たの？

この映画は内容もよくて、俳優の演技も上手です。

私が好きな俳優が主人公なので見に来ました。

最近はアプリで映画を予約します。

私は映画館で映画を見る時、前の席より後ろの席の方が好きです。

06 스포츠/운동

일주일에 한 번 친구들과 축구를 해요.

サッカー 축구

나는 농구팬이에요.

バスケットボール 농구
ファン 팬

제일 좋아하는 스포츠는 수영이에요.

スポーツ 스포츠
水泳(すいえい) 수영

대학 야구 동아리에서 주장으로 활약하고 있어요.

野球(やきゅう) 야구
キャプテン 주장
活躍(かつやく)する 활약하다

근육을 만들기 위해 운동하고 있어요.

筋肉(きんにく) 근육
つける 붙이다

골프를 시작한 지 1년 정도 됐어요.

ゴルフ 골프

+tip 일본에서는 축구, 농구, 배구 등 운동 종목을 외래어로 표현하는 경우가 많습니다. 축구는 サッカー, 농구는 バスケットボール(バスケ), 배구는 バレーボール(バレー), 당구는 ビリヤード라고 합니다. 한자어로 쓰는 것은 야구(野球/やきゅう), 수영(水泳/すいえい), 탁구(卓球/たっきゅう) 정도입니다.

一週間(いっしゅうかん)に一度(いちど)、友達(ともだち)とサッカーをします。

私(わたし)はバスケットボールのファンです。

一番(いちばん)好(す)きなスポーツは水泳(すいえい)です。

大学(だいがく)の野球(やきゅう)サークルでキャプテンとして活躍(かつやく)しています。

筋肉(きんにく)をつけるために運動(うんどう)をしています。

ゴルフを始(はじ)めてから１年(いちねん)ほどになりました。

07 날씨

오늘 날씨 어때요?

뉴스에 따르면 무척 덥다고 해요.

ニュース 뉴스
暑(あつ)い 덥다

요즘은 미세먼지가 심해요.

PM2.5(ピーエムにてんご) 미세먼지
ひどい 심하다

어제부터 계속 비가 와요.

ずっと 쭉, 계속

태풍의 영향으로 강한 바람이 불고 있어요.

台風(たいふう) 태풍
影響(えいきょう) 영향
強(つよ)い 강하다, 세다
風(かぜ)が吹(ふ)く 바람이 불다

오늘은 흐린 뒤 개겠습니다.

曇(くも)り 흐림
～のち ～뒤에, ～후에
晴(は)れ 갬, 맑음

tip 雨です를 한국어로 직역하면 '비입니다'가 되어 다소 어색한 느낌이 들지만 그 자체로 今雨が降っていますす라는 의미를 나타냅니다. 일본어에는 「명사+です」의 형태로 쓰여 동사의 의미를 나타내는 경우가 있습니다.

今日(きょう)の天気(てんき)はどうですか？

ニュースによると、とても暑(あつ)いそうです。

最近(さいきん)はＰＭ２．５(ピーエムにてんご)がひどいです。

昨日(きのう)からずっと雨(あめ)です。

台風(たいふう)の影響(えいきょう)で強(つよ)い風(かぜ)が吹(ふ)いています。

今日(きょう)は曇(くも)りのち晴(は)れでしょう。

08 여행

패키지보다 자유여행이 좋아요.

パッケージ 패키지
自由(じゆう) 자유

여행에서 가장 큰 즐거움은 맛있는 것을 먹는 거예요.

비행기에 타기 전에는 꼭 면세점에서 쇼핑을 해요.

飛行機(ひこうき) 비행기
必(かなら)ず 반드시, 꼭
免税店(めんぜいてん) 면세점

미리 여행보험에 가입하거나 환전을 해두는 게 좋아요.

事前(じぜん)に 사전에, 미리
保険(ほけん) 보험
加入(かにゅう)する 가입하다
両替(りょうがえ) 환전

저는 여기저기 관광하기보다 느긋하게 보내는 게 좋아요.

あちこち 여기저기
観光(かんこう)する 관광하다
ゆったりと 느긋하게
過(す)ごす 지내다, 보내다

돌아올 때는 기념품을 꼭 사요.

お土産(みやげ) 기념품

tip お土産(みやげ)란 여행지나 출장지 등에서 선물 등을 위해 구입한 그 지역의 상품을 말합니다. 자신의 고향에서 생산된 것을 선물할 때도 お土産라는 말을 씁니다.

パッケージより自由旅行の方が好きです。

旅行で一番の楽しみはおいしいものを食べることです。

飛行機に乗る前には必ず免税店でショッピングをします。

事前に旅行保険に加入したり両替をしておくのがいいです。

私はあちこち観光するよりゆったりと過ごすのが好きです。

帰ってくる時には必ずお土産を買います。

09 인터넷/SNS

일본에서 제일 유명한 포털 사이트는 무엇인가요?

ポータルサイト
포털 사이트

하루에 1시간은 SNS를 하고 있어요.

요리 블로그를 운영하고 있어요.

ブログを書(か)く
블로그를 운영하다

저도 유튜브 영상을 만들어보고 싶어요.

動画(どうが) 동영상, 영상

요즘에는 인터넷으로 쇼핑을 할 때가 많아요.

ネット
(=インターネット)
인터넷

어떤 SNS를 이용하고 있나요?

tip 한국에서는 네이버나 다음을 많이 이용하지만, 일본에서는 Google(グーグル)과 Yahoo(ヤフー)가 가장 유명한 포털 사이트입니다. 구글, 유튜브, 야후 등은 가타카나로는 잘 표기하지 않고 영문으로 쓰는 경우가 많습니다.

日本で一番有名なポータルサイトは何ですか？

一日に１時間はＳＮＳをしています。

料理ブログを書いています。

私もＹｏｕＴｕｂｅ動画を作ってみたいです。

最近はネットでショッピングをすることが多いです。

どんなＳＮＳを使っていますか？

10 연중행사

새해 복 많이 받으세요.

新年(しんねん) 새해

벚꽃이 피면 꽃구경 하러 가요.

咲(さ)く (꽃이) 피다
花見(はなみ) 꽃구경

골든위크 때는 가족여행을 해요.

ゴールデンウィーク 황금연휴

불꽃놀이를 기대하고 있어요.

花火大会(はなびたいかい) 불꽃놀이

메리 크리스마스!

연말 잘 보내시고 새해 복 많이 받으세요.

tip よいお年(とし)を는 새해를 좋게 맞이하길 바라는 의미의 연말 인사입니다.

新年(しんねん)、明(あ)けましておめでとうございます。

桜(さくら)が咲(さ)いたら花見(はなみ)に行(い)きましょう。

ゴールデンウィークは家族旅行(かぞくりょこう)をします。

花火大会(はなびたいかい)に行(い)くのを楽(たの)しみにしています。

メリークリスマス！

よいお年(とし)を。

memo

memo